BETO RIBEIRO
Autor de *Poder S.A.*

Eu odeio meu chefe!

Se não pode vencê-lo...

São Paulo
2010

UNIVERSO DOS LIVROS

Diretor-Editorial
Luis Matos

Assistente-Editorial
Noele Rossi
Talita Gnidarchichi

Preparação
OK Linguística

Revisão
Felipe Vieira

Arte
Stephanie Lin

Capa
Henrique Bacana
Andrea Senise

Ilustração
Renato Rea

Dados Internacionais de Catalogação na Publicação (CIP)
(Câmara Brasileira do Livro, SP, Brasil)

R484e Ribeiro, Beto.

Eu odeio meu chefe! / Beto Ribeiro. – São Paulo: Universo dos Livros, 2010.
144 p.

ISBN 978-85-7930-159-9

1. Sucesso profissional. 2. Administração. 2. Carreira. Profissional. 4. Recursos humanos. I. Título.

CDD 650.1

Universo dos Livros Editora Ltda.
Rua Haddock Lobo, 347 – 12° andar • Cerqueira César
CEP 01414-001 • São Paulo/SP
Telefone: (11) 3217-2603 • Fax: (11) 3217-2616
www.universodoslivros.com.br
e-mail: editor@universodoslivros.com.br

Levante a mão aquele que nunca pensou "EU ODEIO MEU CHEFE". Ninguém, ok?

Todo mundo tem um chefe, inclusive o seu. Então, aproveite. Sua vingança chegou neste livro delicioso, irônico, verdadeiro, engraçado e muito sério de Beto Ribeiro. Com a descrição dos tipos de chefes – *chefe sim, chefe não, chefe grito, chefe sei-que-sou-bom-demais* e outros tantos modelos de chefes – Beto, através de um texto precioso, dá um leque variado para que o leitor identifique qual o tipo do seu chefe, aprenda como lidar com ele e perceba que o seu chefe não é lá grande coisa.

Na seção RH, Beto se esmera em palavras assertivas para analisar a existência do antigo Departamento Pessoal. Um momento quase catártico, e que serve até para os gerentes de RH encontrarem seu caminho no mundo dos negócios.

Caro leitor, redobre sua atenção nos próximos capítulos. Encaixe-se nos temas: os sete pecados corporativos, os encontros sociais, a moda corporativa, as manias, os dez mandamentos do trabalho. Um verdadeiro guia prático de comportamento para você. Um livro de cabeceira para ser lido antes da labuta diária.

Tenho o privilégio de ser amiga de Beto Ribeiro. Sua inteligência, lucidez, humor e texto me fascinam. Jovem jornalista, vestiu terno e foi para o mundo corporativo. Observou tudo com a maior precisão, virou PhD no assunto, jogou a gravata fora e nos presenteia com este livro sobre os bastidores do universo das empresas.

Maria Helena Amaral

Jornalista e diretora dos programas "Marilia Gabriela Entrevista" (GNT), "De Frente com Gabi" (SBT) e "Roda Viva" (TV Cultura)

Para meus líderes e liderados

SUMÁRIO

O mapa dos chefes 11

Irritando seu chefe 59

O jogo da verdade 63

Sete pecados corporativos 69

Recursos (des)humanos 73

Encontros sociais 79

Bingo Corporativo 83

Reunião 89

Organograma 93

Personagens corporativos 99

Moda corporativa 103

Os dez mandamentos do trabalho 107

Trainee X estagiário 111

45 respostas e ½ de um ex-executivo de sucesso 117

Você odeia seu chefe?

Saiba que, com certeza, você não é o único. Aliás, é bem provável que a recíproca seja verdadeira. E se você for chefe, conforme-se. Chefe tem que ser odiado. Nasceu para isso. E ponto.

AVISO: Aqui, quando digo "o chefe" ou "ele" é apenas para facilitar as coisas. Não me esqueci do feminino nesta história, não. Não existe diferença nenhuma entre chefe homem e chefe mulher. Na delícia do poder – pelo menos nesse prazer – homens e mulheres já são iguais.

Nas próximas páginas, os segredos do trabalho serão desvendados. Encare este livro como a caixa-preta de um avião. Conseguiremos escutar todas as conversas que rolam dentro da cabine sem precisarmos ser necessariamente uma das vítimas da queda.

E, calma: isto não é uma daquelas apresentações de palestrante de evento do mundo corporativo. Não. Este livro, em princípio, é para ser divertido.

BenchMarkLand
Dualópolis
Terra d
Caverna da Neurose
Pico da Pegação
ILHA DO SIM
ILHA DO NÃO
PAZ & AMOR
BARCO D
INFI
PROPRIEDADE PRIVADA!
Deserto do Limite
Território dos Bons-Demais
Planície do desespero
enseada da sabedoria
Jardim da Distração

O MAPA DOS CHEFES

Quem são? Por que são assim? Como conviver com ou se livrar deles? Onde encontramos esses semideuses do mundo corporativo?

Chefe SIM

Eterno sorriso pela satisfação em ajudar
Polegar "pracimex"
SIM
Pilhas de trabalho alheio
Carimbos com Respostas padrão
OK
APROVADO

Insuportável. É o que diz "sim" pra tudo e pra todos. Este chefe consegue prejudicar a si mesmo para posar de bonzinho-legal-que-sou com os outros na empresa. Ele não sabe que existe a palavra "não" e muito menos que pode usá-la de vez em quando. O Chefe SIM aceita tudo e a qualquer hora, mesmo que a solicitação que chegou não tenha nada a ver com ele.

O que fazer?

Não tem jeito... Se esse for seu chefe é melhor mudar de trabalho. Este chefe é amado-idolatrado-salve-salve pelo RH. "Ele é tão bonzinho...", é o que a gerente de recursos humanos comenta com seu diretor. E completa: "Precisamos ter mais *colaboradores* como ele". Já pensou em trabalhar na bilheteria do circo?

Onde encontrar:

Este tipo está em tudo que é empresa com mais de mil funcionários. Sabe aquelas gigantes multinacionais cheias de produtos sem qualquer relação um com o outro? Pois é... É lá mesmo que encontramos este espécime tão peculiar.

Chefe NÃO

Cara de ultrajo
e mini-orelhas...
Dedinho de
"não-não-não"
NÃO
Carimbos
com Respostas
padrão
Solicitações
indeferidas
NÃO
ACEITO
REPROVADO

Não. Não importa a pergunta ou a necessidade. *É Não e acabou*. O Chefe NÃO adora parecer uma fera-ferida-no-corpo-e-na-alma-e-no-coração. Ele gosta de intimidar tudo e todos com sua negativa sonora. O seu "não" parece tão definitivo que seus subordinados nunca mais perguntarão nada e farão seu trabalho quietinhos – é o que o Chefe NÃO quer. Nada como intimidar alguém a ponto de o coitado não ter coragem para questionar mais nada – é o lema deste querido chefe.

O que fazer?

Tente perguntar: "Por que não?" e veja-o escorregar facilmente na sua própria armadilha. E, se ele responder "Porque não", pergunte novamente: "Por que não?". É bem provável que sua pergunta ganhe um "sim" como resposta só para o Chefe NÃO se livrar de você. Este é o famoso cachorro-que-late-mas-não-morde.

Onde encontrar:

Em todas aquelas empresas S/A e Cia em que os custos falam mais alto do que qualquer boa ideia. Aquelas que têm marcas importantes, mas pouca inovação, sabe? Isso, isso mesmo. Essa que lhe veio imediatamente à memória é uma delas.

Chefe GRITO

Recepcionista é 1ª vítima:
"BOM DIA!!"
Celular pra que?
TOO LOUD
Explosão do vulcão de Krakatoa... Vezes Dois!!
Em breve, a terceira vítima:
"Tem café FRESCO?"
2ª vítima do dia:
"E aí CAMPEÃO?"

Gritar é o lema deste ser. Talvez seja uma forma de compensar a mãe repressora, o pai ausente ou uma *pequenez* que o persegue diariamente quando vai ao banheiro – se é que você me entende. Grita, e grita. Grita de dia, grita de noite. Grita com a recepcionista e grita com o presidente. Adora brigar no telefone e aos berros com telemarketings de empresas de TV a cabo e de telefonia – tudo bem, neste caso está perdoado. E grita mais uma vez. E mais um grito pra você.

O "bom-dia" já é em alto e bom tom – isso quando o sujeito quer ser *fino*. Grita porque não encontra a carteira; grita porque não acha a pasta da reunião; grita porque o Corinthians perdeu – e o tonto, claro, é palmeirense. Grita.

O que fazer?

Com esse tipo, a única opção é dar um grito ainda maior. Se ele baixar a guarda – geralmente esses bobos têm a autoestima muito baixa –, você ganhou e vai conseguir, sim, suas férias e até o aumento que você queria. Se o danado não for lá muito de ter medo, pronto, você perdeu o emprego. Mas, pelo menos, gritou também. Não se esqueça de, depois, fazer um gargarejo. Sua garganta vai doer.

Onde encontrar:

Em empresas cuja arquitetura/decoração dos escritórios incorporou a ideia de redação de jornal. Um escandaloso como o Chefe GRITO gosta e precisa de público.

Chefe SEI-QUE-
-SOU-BOM-DEMAIS

Não é que este danado leva mesmo a sério o que o RH falou para ele? Foi mais ou menos assim: "O principal ativo da empresa são nossos colaboradores, nossos talentos: você". Ainda não sei o que é pior neste caso: ouvir uma frase como essa ou acreditar nela. Este chefe se acha tão bom, mas tão bom, que gente do céu... "Como você consegue viver sem mim?", é a pergunta que ele vai te fazer.

O que fazer?

Aproveite. Com o Chefe SEI-QUE-SOU-BOM-DEMAIS é só lustrar o ego da vítima e você conseguirá tudo o que merece. Até mesmo, um dia, ser chefe dele. Dica: diga três vezes ao dia para a pessoa/chefe em questão o quanto você acha o cara do CACETE! Elogie os sapatos, se for mulher, o terno, se for homem. Esses narcisos são idiotas o suficiente pra acreditar em qualquer tipo de "Nossa-como-você-é-demais!".

Onde encontrar:

Áreas de marketing e vendas, onde resultados bons, infelizmente, acabam dando uma justificativa para acharem mesmo que são a última bolsa Prada do *outlet* de Miami. Cafona.

Chefe **BENCHMARK**

O tipo de chefe que sonha em ser um ícone na vida dos subordinados e de todo o mercado. Mas não é. Ele consegue apenas ser temido pelos funcionários, mas não respeitado. Imagina que é referência no universo corporativo, referência na empresa, referência para o filho mais novo. Coitado... Ninguém, nem o RH, vê nele qualquer possibilidade de modelo a ser seguido. O filho, então, tem vergonha e pede para o pai deixá-lo na esquina antes da escola. Vai que algum amiguinho do colégio descobre de onde ele veio, não é?

O que fazer?

O chefe BENCHMARK é muito fácil de ser manipulado. Deixe-o acreditar o quanto você o venera e corra para o abraço: em pouco tempo você será o mandachuva da área.

Onde encontrar:

Estes seres são facilmente encontrados em áreas e empresas onde a vaidade é o que move as pessoas: as que têm o diploma de Comunicação Social – a especialização pouco importa.

Chefe INDICAÇÃO

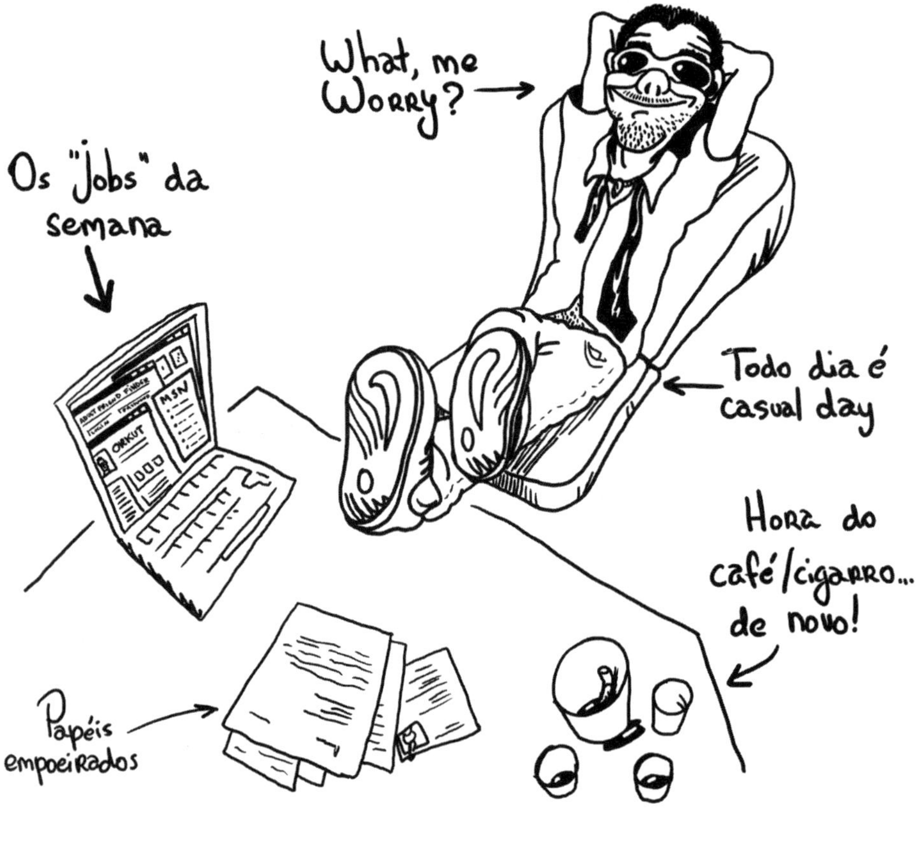

Está lá na mesa de chefe só porque tem boas conexões. Geralmente, é amigo do dono ou do filho do dono. Pouco sabe sobre o trabalho ou a empresa, e geralmente atrapalha bastante a equipe com ideias inovadoras, mas pouco funcionais. Como tem costas quentes, não se preocupa em falar ou fazer besteira na hora da labuta. Além de adorar contar para a Rádio Peão que jantou na casa do "tio" na noite anterior, ou que foi para a fazenda do "tio" e foi muito legal. Adivinha quem é o "tio" da história...

O que fazer?

Ajude-o a fazer aquelas planilhas de Excel que ninguém sabe para que servem, assim você ganha a simpatia do chefe e, quem sabe, ele acaba falando bem de você para o "tio". Quem sabe o "tio" acaba indicando você para um cargo em outra área...

Onde encontrar:

Em empresas médias com um ou no máximo dois donos. Há muitos deste tipo no ramo da construção e também em agências de propaganda.

Chefe NOVELA MEXICANA

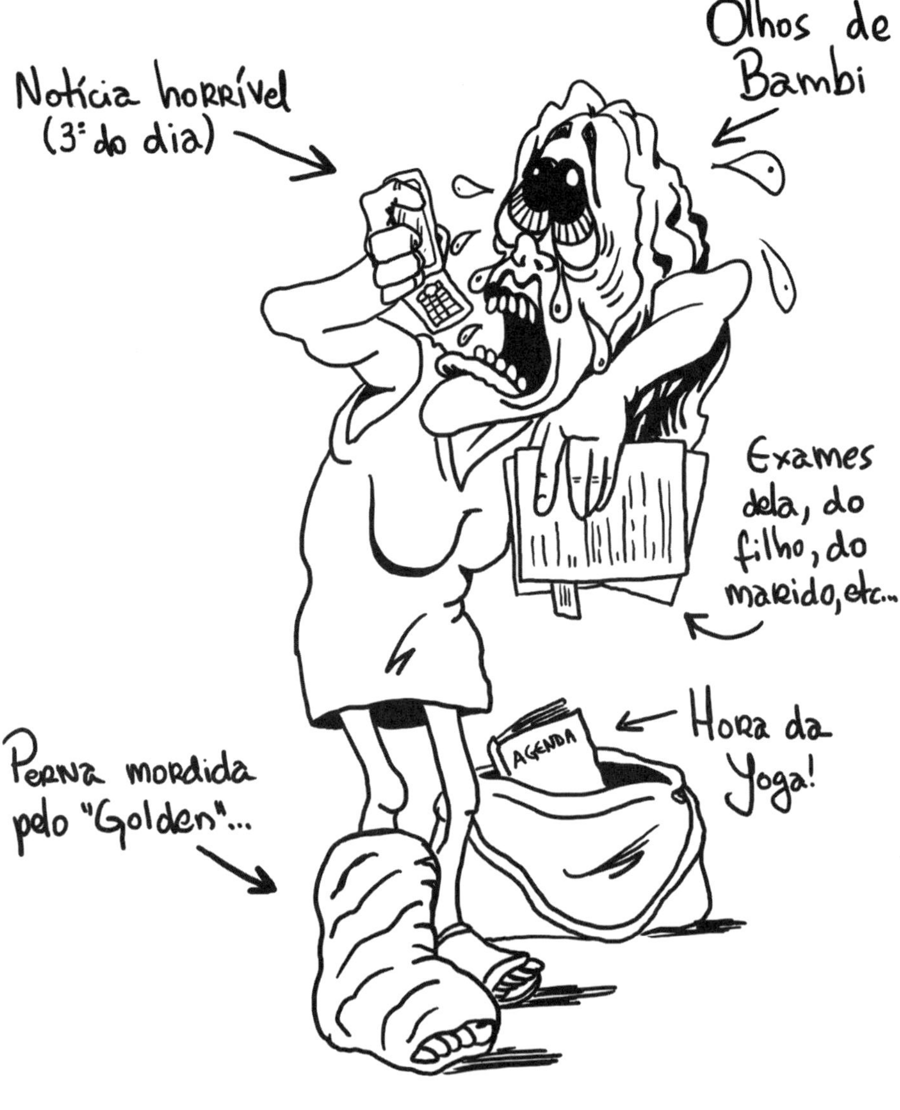

Tudo é um drama na vida desta pessoa. Ele está sempre fora do escritório resolvendo problemas dos filhos, da mãe ou vive fazendo exames médicos. É o tipo do chefe que divide suas angústias com a equipe para que se compadeçam e sintam pena dele. Assim, todo o trabalho é feito pelos subordinados sem que ele precise se envolver. Espertinho, não?

O que fazer?

Deixe claro para a Rádio Peão e para todas as outras áreas interligadas que quem fez todo o trabalho foi você. Sempre que perguntarem onde seu chefe está, diga apenas "Não sei..." e mostre desconforto no olhar. Em pouco tempo ou você terá um novo chefe ou será a sua vez de ir fazer os exames médicos e deixar a equipe trabalhando sozinha. Esqueça a culpa. Um chefe destes não merece tanta lealdade.

Onde encontrar:

Sabe aquelas áreas administrativas, como Contas a pagar e Suprimentos? Aquelas áreas bem chatinhas e cheias de burocracia? Pois é lá que fica o estúdio desta *novela mexicana*.

Chefe REUNIÃO

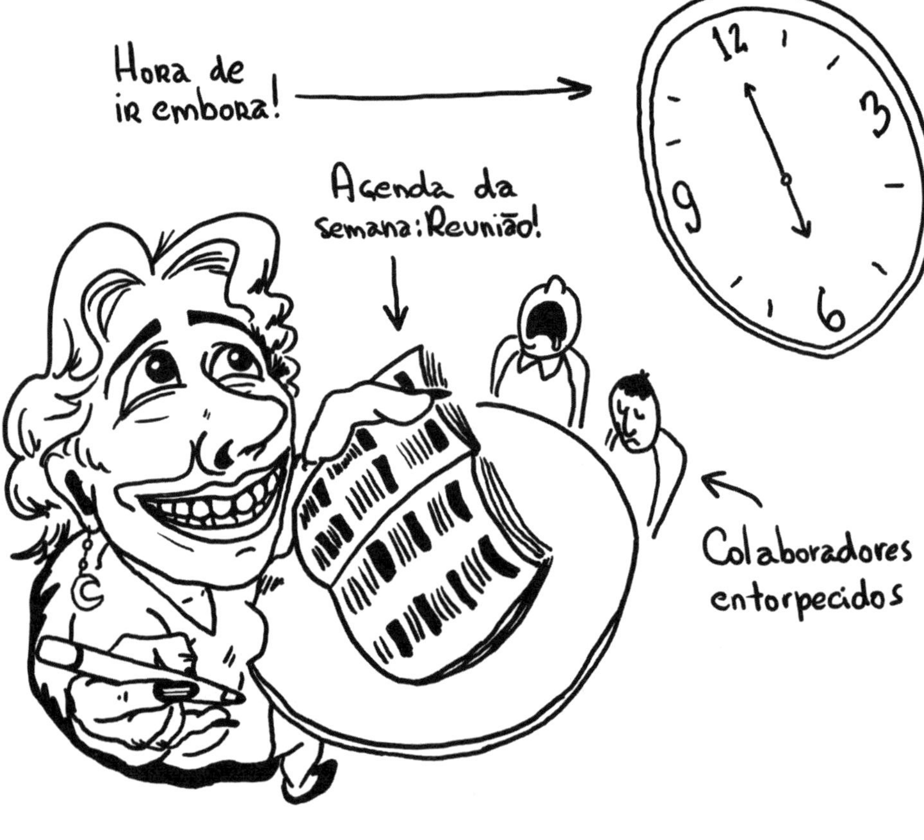

Este chefe pede uma reunião pra tudo. Para aprovar um projeto: "Vamos fazer uma reuniãozinha?". Para definir se o estagiário senta do lado direito ou do lado esquerdo da mesa: "Vamos pra sala de reunião?". Para dar *ok* nas suas férias: "Vamos nos reunir?". E pior: reúne toda a equipe por horas e não diz nada. Um saco.

O que fazer?

Tenha sempre uma pauta pesada para essas reuniões. O Chefe REUNIÃO faz reunião para não ter que resolver nada. Se a reunião se tornar trabalho, ele vai pensar duas vezes antes de pedir outra.

Onde encontrar:

Setor bancário e áreas financeiras de grandes empresas com horário de entrada e saída de funcionários são repletos de Chefes REUNIÃO. Qualquer tática é válida quando se tem de cumprir as oito horas de trabalho sem... trabalhar, claro.

Chefe NO LIMITE ou TROPA DE ELITE

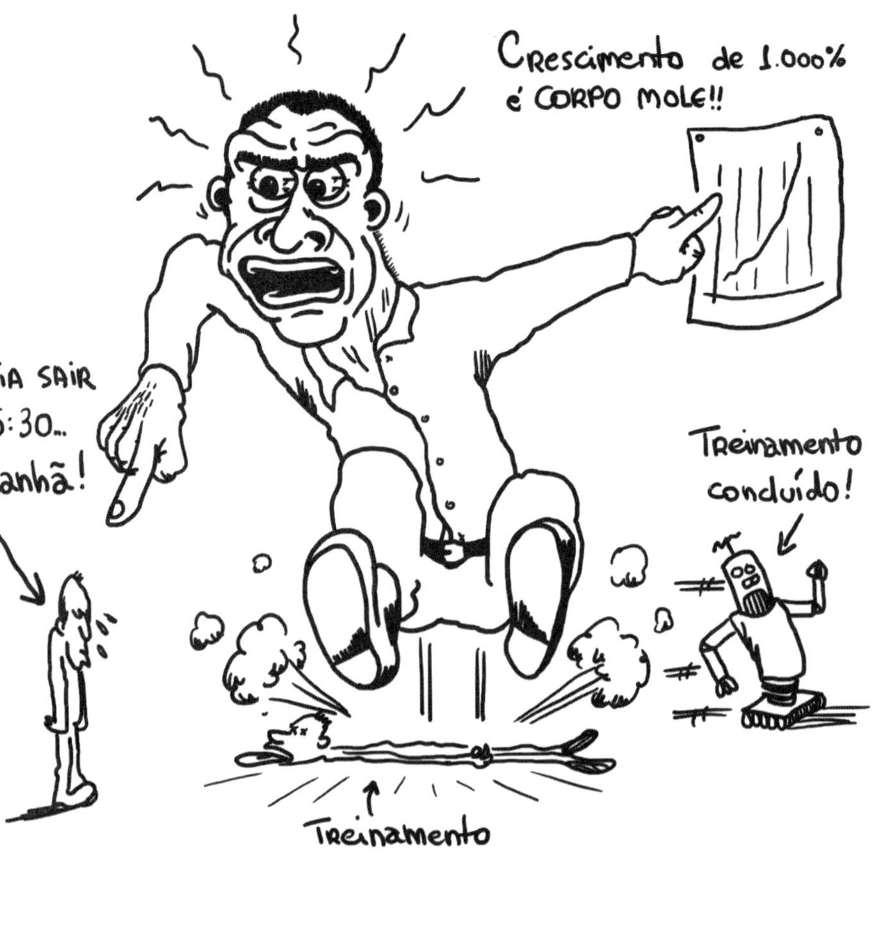

Este é um dos piores chefes. Se não for o seu, agradeça, agora, a todos os deuses do universo corporativo. O Chefe NO LIMITE ou TROPA DE ELITE é daqueles que gosta de colocar a equipe sob pressão máxima. Nunca está satisfeito, e adora mostrar que ele, o chefe, tem uma solução melhor para tudo. Diminuir a autoestima da equipe é uma tática para transformar pessoas em zumbis *workaholics*. Ele adorou o filme *Tropa de Elite*, e gosta de brincar de Capitão Nascimento fazendo uma seleção natural de seus soldados no melhor estilo "pede pra sair". Estimulante, não? Outro ponto forte deste tipo de chefe: chega muito cedo e sai muito tarde do escritório, e, antes de ir embora para casa (ele tem uma?), convoca uma reunião para o dia seguinte bem cedo. Só para ver quem está ligado na empresa. Ai daquele que chegar para trabalhar sem ter checado seus e-mails às duas da manhã.

O que fazer?

Não tem outro jeito... Peça demissão. Este tipo de chefe não vai mudar e ainda tem todo o apoio da diretoria. Aliás, o sonho do *board* é que toda empresa fosse feita de Capitães Nascimento.

Onde encontrar:

Chefes NO LIMITE ou TROPA DE ELITE nascem e florescem em empresas que dão bônus exorbitantes para compensar (ou comprar mesmo) a vida desse fiel exército. As empresas *top 3* deste tipo de chefe são: empresas de bebidas, varejo e as famosas pontocom.

Chefe PAZ&AMOR

É aquele que não entra em confronto com nenhum departamento e que evita qualquer conflito. Faz a sua equipe muitas vezes fazer o papel de bobo da corte, aceitando qualquer puxada de tapete das áreas vizinhas. Este tipo de pessoa acredita que o melhor é não brigar e sempre fazer as vezes de amigo. Um detalhe interessante: um Chefe PAZ&AMOR pode ou nascer assim ou se transformar em um. Geralmente, depois de muitos anos de mundo corporativo, depois de já saber que as coisas são assim e ponto, algumas pessoas se tornam PAZ&AMOR. Afinal, brigar para quê? Poderíamos até arriscar dizendo que quando um chefe vira PAZ&AMOR ele está no auge da maturidade de sua vida corporativa. Ou seja, o próximo passo é a aposentadoria.

O que fazer?

Tome a frente, tenha atitude. Não baixe a cabeça e lidere a equipe – afinal, o líder não existe. Você, com certeza, será notado pela diretoria e, em breve, vai tomar o lugar do seu chefe.

Onde encontrar:

Dá uma olhada em multinacionais, empresas automobilísticas e de telefonia. São grandes demais, cheias de tramas mal contadas de puxadas de tapete precisando muito de personagens como o Chefe PAZ&AMOR.

Chefe VERGONHA ALHEIA

Faz piada o tempo todo, está sempre fazendo um teatro sem graça nenhuma nos eventos de integração e acaba bebendo além da conta nas festas de fim de ano. Fora que adora levar a família para conhecer a empresa onde o *papai trabalha*. Fica lá, a mulher morrendo de vergonha de um lado, a equipe com vontade de se jogar pela janela do outro. Um constrangimento só. E quando este chefe resolve levar as velas que a filha faz para a equipe comprar? Comprar ou não comprar, eis a questão...

O que fazer?

Deixe claro para o chefe inimigo do VERGONHA ALHEIA que você só está nesta equipe por falta de opção. Fique próximo ao RH e descubra se existe vaga em outra área.

Onde encontrar:

Em empresas que começaram pequenas e ficaram grandes. Geralmente, estes chefes são a prata da casa.

Chefe TEORIA DA CONSPIRAÇÃO

Eita pessoa difícil de aturar! Ainda mais como chefe. O TEORIA DA CONSPIRAÇÃO vive em um inferno onde acredita realmente que o mundo todo existe apenas para passar a perna nele. Ele sempre encara qualquer discussão numa reunião como algo plantado contra sua vida pessoal. Acha que seu telefone está grampeado, que há microfones escondidos em todos os cantos e que seu melhor subordinado não passa de um espião. Ou será seu temido inimigo em pele de cordeiro? Ou, pior: um invejoso que quer tudo que é seu. O Chefe TEORIA DA CONSPIRAÇÃO jura que está *chipado* pelos ETs e seu filme preferido é *A Malvada*.

O que fazer?

Veja *A Malvada* e aja com mais inteligência que a loirinha má. Estimule a loucura de seu chefe: fale sempre baixo com ele para parecer que você compartilha de todas suas neuroses. Em breve, este chefe estará brigando com todo mundo e sua cadeira logo ficará vaga. Mais *A Malvada*, impossível.

Onde encontrar:

Sabe aquelas áreas que logo logo serão apenas uma lembrança no mundo corporativo? Aquelas já sem muita serventia, como "Expedição" ou "Almoxarifado"? Pois é... Lá estão os neuróticos Chefes TEORIA DA CONSPIRAÇÃO. Pensando bem, eles não estão assim tão errados quando pensam que alguém quer acabar com as suas vidas corporativas.

Chefe PINÓQUIO

Deus meu, como este chefe mente! E mente bem. É um mitômano sem conserto. O danado sabe mentir melhor que qualquer bom ator, e, com suas mentiras, sempre coloca sua equipe em risco. O Chefe PINÓQUIO não sente qualquer constrangimento em dizer que mandou a apresentação e ainda coloca a culpa na Internet. Mente que já terminou todo o orçamento e que já salvou-o na rede. "Você que não viu", ele vai dizer. E, pior, você vai acreditar. Mente, também, que chegou supercedo: "Eu estava em reunião no andar de cima". E mente que saiu supertarde ontem: "Nossa, fui o último a sair". E, de novo, você vai acreditar. Você e toda a empresa.

O que fazer?

Quando ele disser: "Mas eu mandei para você!", diga que você não sabe o que está acontecendo e peça para ver o e-mail na caixa de itens enviados. "Acho que meu e-mail está com algum problema", responda com cara de idiota. Aprenda a mentir melhor que ele e deixe-o em situações bem saia justa – principalmente na frente do chefe do mentiroso.

Onde encontrar:

Esses estão em todos os lugares de todas as empresas de todos os tamanhos. Será que você não é um?

Chefe COME-
-NADA-QUIETO

Insuportáveis. Estes comedores de plantão são daqueles que têm certeza que são incrivelmente irresistíveis. E não são. Tontos e chatos, eles acreditam no charme-que-mamãe-disse-que-eu-tenho e não passam a menor vergonha em *relar* a mão boba pelo corpo de seus colegas e subordinados. Babões, feios, com corpos esquisitos acompanhados de uma baba branca presa no canto da boca, estes tipos de chefe acabam mesmo é se resolvendo no *self-service*. Nem quem vive pelo e com o corpo aguenta este tipo.

O que fazer?

Estufe o peito e tire a mão boba da sua cintura. Não se intimide e lembre a ele que ali é um local de trabalho. E não tenha a menor cerimônia em demonstrar a vontade de vomitar. Neste caso, use o RH como aliado, lembrando que assédio sexual ainda é uma boa pauta para os jornalistas.

Onde encontrar:

Áreas de vendas e compras estão lotadas desse tipo que adora tirar uma casquinha de quem passa pelo corredor.

Chefe 171

Mandando um alô e fazendo média
Relatório "Emprestado" do colaborador
Notas geladas prontas!
Ele não anda... Desliza!!!

Enrolador e enrolão, este cara adora não fazer nada, esperar a equipe resolver o problema e posar de pavão. Um saco, o Chefe 171 sempre acaba se dando bem. São sem-vergonha, sem caráter e sem ética nenhuma. Mas conseguem a simpatia de todos e de todas, inclusive de quem é o usado e abusado da sua área. O 171 é do tipo canastrão que leva seu "time" para a churrascaria no fim do ano e comemora os resultados. Paga a conta, pede nota mais alta e pede reembolso para a empresa. Espertinho, não?

O que fazer?

Faça a máscara do sujeito cair no meio de uma reunião geral com todas as áreas. Mas atenção: o 171 é inteligente e muito escorregadio. É capaz de ele conseguir reverter a situação e você passar por bobo ou incompetente.

Onde encontrar:

Chefe 171 já virou prata da casa. Está por todo o mundo corporativo.

Chefe FEEDBACK

Não, não. Pode parar. Eu não quero saber o que você acha do meu trabalho. O Chefe FEEDBACK acreditou mesmo naqueles cursos de *formação de chefes* e levou a sério a aula de *feedback*. Ele decorou com gosto cada etapa para um *feedback*-positivo-estimulante-viva-viva. O Chefe FEEDBACK consegue sorrir e passar para cada *colaborador* um retorno de como está cada passo de seu trabalho. O *feedback*, claro, é semanal, com cada *colaborador individualmente falando*, repetido a cada nova *etapa vencida do projeto integrado com as áreas que têm conexões com o trabalho desenvolvido*. E aí é que pergunto: quando, então, o Chefe FEEDBACK trabalha?

O que fazer?

Inverta o papel e comece a dar *feedbacks* para este chefe pentelho. Em pouco tempo ele vai mudar de modismo e parar com estes papos longos, enfadonhos e que não levam a lugar algum.

Onde encontrar:

Áreas de RH, de atendimento ao cliente e de "Novos Negócios" têm muito disso. Aliás, sem o *feedback* semanal o que é mesmo que o chefe do "Novos Negócios" vai fazer?

Chefe QUEM, EU?

Ele poderia dar vida àqueles três macacos: não ouço, não vejo e não falo. Um sabonetão, este chefe faz de tudo para não ter que resolver nada. Ele não só foge do conflito como faz de conta que o problema não é dele. Se faz de esfinge e banca o abajur, rezando para que ninguém perceba que ele existe. Quem paga de boba é a sua equipe, que, para não passar por incompetente, acaba tendo que fazer de conta que seu chefe não é tão inútil assim.

O que fazer?

Na frente de todo mundo, questione o Chefe QUEM, EU? em alto e bom tom. Coloque-o frente a frente com o problema e exija uma solução. Peça respostas, pressione. Ele vai dizer que precisa comprar um cigarro e nunca mais vai voltar. E nem fumante o tonto é. Ou era.

Onde encontrar:

Áreas burocráticas de empresas grandes com várias filiais e marcas desconexas conseguem a proeza de encher todas as mesas com chefes deste tipo.

Chefe **DUAS CARAS**

Este chefe poderia se chamar também *O médico e o monstro* ou, como se diz hoje em dia, *bipolar*. O Chefe DUAS CARAS, meu Deus, é sempre uma surpresa. Ele pode chegar fofo, simpático, gente boa e até divertido. O dia vai passar que é uma beleza, vai ser ótimo trabalhar com ele. "Obrigado, papai do céu!", você vai agradecer antes de dormir. Mas... Quem mandou não ter sido uma criança boazinha no ano passado? Não só o Papai Noel não virá, como seu Chefe DUAS CARAS chegará, no dia seguinte, no pior estado em que um ser humano (ele é humano!?) poderia estar. Na pior das hipóteses, ele não vai ser lá muito legal: ele vai fazer de tudo para que o seu dia seja péssimo. Prepare-se... Todos aqueles projetos que não andam, hoje, terão que andar. Ah, vão andar... Com ou sem você.

O que fazer?

Uma coisa deve ser dita: o Chefe DUAS CARAS, geralmente, é brilhante. Tem, de fato, uma inteligência acima da média. Então, minha criança infeliz, aproveite quando ele estiver de bom humor e aprenda tudo o que conseguir. E deixe o seu trabalho impecável para quando o lado negro dele aparecer. Aliás, ter seu trabalho em ordem não é mais que a sua obrigação.

Onde encontrar:

Áreas criativas, como agências de marketing, têm muitos DUAS CARAS. E a área de varejo também é um terreno fértil para este tipo de chefe.

Chefe SONHAR NÃO CUSTA NADA...

E o sonho do seu chefe é tão real... Ele vive em um mundo paralelo, onde projetos incríveis são aprovados pelo *board*. Ele sonha com a equipe perfeita, ele sonha com um orçamento exato para seus... sonhos. Ele só não lembra do mundo real que o cerca. Mas não importa. Se ele é chefe e tem uma equipe, mãos à obra. Por que não criar projetos e mais projetos perfeitos para a empresa? Afinal, sonhar não custa nada...

O que fazer?

Não embarque na onda maluca do Chefe SONHAR NÃO CUSTA NADA... Deixe que ele sonhe e, enquanto isso, não tire os pés do chão até o novo chefe chegar. Uma coisa é certa: o tipo sonhador não dura dois meses numa empresa.

Onde encontrar:

Áreas muito novas, cujos títulos são vagos demais: "Novos Projetos", "Novos Negócios", "Expansão", "Internacionalização da Marca" etc.

Chefe CREPÚSCULO

É assim: o Chefe CREPÚSCULO é o vampiro civilizado que já não sabe mais se chupa ou não chupa o sangue de seu subordinado. Ele gostaria de matar quem está abaixo dele, mas se segura. Ele queria pegar e torcer o lindo pescocinho de sua estagiária lerda, mas consegue reprimir seus impulsos e acaba dando um *feedback*-construtivo-positivo – que todos sabem que não servirá para nada. O coitado deste chefe foi obrigado a participar daqueles intermináveis cursos de domingo. Todos inventados e planejados pelo RH, claro. Cursos inteligentes e criativos: "Lidere sua equipe, chegue aos resultados"; "A Liderança e Você"; "Você e a Liderança"; "Líder dos anos 3000"; "Liderança, líder, liderado – Módulo II".

O que fazer?

Divirta-se um pouco. Veja o Chefe CREPÚSCULO chegando ao limite com os desacertos de sua equipe. Mas cuidado: lembre-se que a fera ainda vive dentro dele. Se você der muita bobeira vai virar um zumbi corporativo, sem crachá nem cartão de visitas.

Onde encontrar:

Chefes CREPÚSCULO existem aos montes em empresas que se dizem incrivelmente modernas. Geralmente passeiam pelas listas das empresas mais desejadas-admiradas-salve-salve.

Chefe AO MESTRE COM CARINHO

Este chefe é um paizão. *Adora* ensinar os outros – até porque só ele sabe fazer as coisas. Sempre fala de seu currículo, e mostra para seus subordinados o quanto eles têm que agradecer a Deus pela oportunidade que tiveram de trabalhar com *ele*. O Chefe AO MESTRE COM CARINHO ama contar em detalhes todos os seus anos de labuta, o quanto *ele* desenvolveu uma carreira brilhante e o quanto de capim você ainda precisa comer para chegar perto do que *ele* era na sua idade. Um chuchu.

O que fazer?

Nada. Aprenda – caso haja alguma coisa para aprender –, e deixe o espertão começar e terminar o trabalho por você. Quem mandou *ele* ser tão bom assim?

Onde encontrar:

Diretorias jurídicas, administrativas e de finanças adoram Chefes AO MESTRE COM CARINHO.

Chefe DONO

Tá olhando o que?
Sabe quanto vale o charuto?
Sabe quanto custa o Rolex?
Dá quanto no sapato?

Ele é o dono e ponto final. Apenas a palavra dele tem valor e peso naquele projeto que a equipe vem desenvolvendo durante meses. O Chefe DONO sabe ser *dono*. Ele adora ser *dono* da empresa, do seu trabalho e, se você deixar, ele será *dono* da sua vida também.

O que fazer?

As cartas do tarô não trazem muita opção neste caso... Ou vai embora, ou entra no jogo e tenta ser amigo do rei. Quem sabe se você não fizer parte do seleto grupo da nobreza corporativa você não consegue um pedaço maior do bolo?

Onde encontrar:

Os Chefes DONO estão sempre à frente das empresas familiares que têm sobrenomes em seus logos ou que abriram várias filiais pelo país de suas lojas de comida rápida, de roupa e de pequenos supermercados. Alguns setores são feitos totalmente por Chefes DONO, tais como os de construção e mercado têxtil.

Chefe BOM

Não existe. Aceite. Chefe BOM não existe.

"Mas eu sou um bom chefe", você deve estar dizendo. Ou, então, se você ainda não é chefe, está pensando com decisão e até com um ponto de exclamação: "Mas eu seria um bom chefe!". Não, não é verdade.

Chefe BOM é um chefe bom para a empresa. E não dá para ser bom, ao mesmo tempo, para a equipe e para a linha de lucro do balanço da firma. Se você precisar fazer corte de pessoal para as ações da companhia subirem, você vai fazer o corte. Se para aumentar seu poder dentro da empresa você tiver que dar uma promoção para quem *deve* recebê-la e não para quem *merece*, você vai fazer a escolha certa. E, se você tiver que atacar o seu melhor-amigo-da-vida-corporativa-com-quem-almoça-todo-dia, não sofra: você vai atacar. Fique feliz por atacar e por não ser o atacado.

E está na hora de fazer terapia se o remorso nasceu no seu coração. Não confunda ser uma pessoa do *bem* com ser um *bom* chefe. "Uma coisa é uma coisa, outra coisa é outra coisa", como já disse um sábio anônimo.

SUGESTÕES
PONTOS
A MUDAR

IRRITANDO SEU CHEFE

Dê um pouco de vida ao seu mais profundo desejo: o de irritar seu chefe. Veja como fazer isso sem correr o risco de ter que ir procurar um novo chefe.

E-MAILS

Mande vários e-mails por dia para o seu chefe, um com cada assunto. Para ele ter de responder a todos, termine cada mensagem com uma pergunta. Dê um arremate "fofo" e escreva no final: *obrigado*. Ah, e, em cada e-mail, mande cópias para pessoas diferentes.

TELEFONE

Dê um jeito de transferir automaticamente todas as ligações da área para o ramal do mandachuva. E se o telefone dele não tiver detector de chamadas, ligue e desligue várias vezes até ele gritar e tirar o telefone do gancho.

TELEMARKETING

Cadastre o número do celular do seu chefinho querido nos piores telemarketings: varejo, jornal, TV a cabo e operadora de celular que acaba de chegar à cidade. E lembre que o melhor horário para ligar é sábado de manhã. Cadastre também o e-mail da vítima em todos os sites que adoram mandar *newsletter*. Peça todas; mas faça isso da sua casa.

PLANEJAMENTO ESTRATÉGICO

Entregue um plano estratégico de 5 anos para sua área. Troque a cada 15 dias o planejamento, coloque mais algumas páginas e fale com entusiasmo sobre a ideia. Peça reuniões para discutir o projeto e lembre o chefe sempre que puder: "Como descrevi no planejamento...".

SÓ UM MINUTINHO

A cada três dias, sempre que seu chefe levantar para ir embora, peça "um minutinho só" e fale bem devagar, com muitos gerúndios, sobre um assunto qualquer, sem muita importância. Como, por exemplo, como é vital trocar o papel sulfite branco das salas de reunião por papel reciclado.

REUNIÃO

Nunca concorde, ou melhor, discorde sempre de seu chefe nas reuniões. Tenha, obviamente, boas argumentações, ou você vai parecer ex-namorado frustrado com a namorada-gata-que-deu-certo.

CRACHÁ

Suma com o crachá de seu chefe. Melhor ainda se for numa sexta-feira chuvosa. E verifique se não há câmeras de segurança – ou uma brincadeira "inocente" pode te transformar num ladrãozinho sem muita inteligência.

APRESENTAÇÃO DE RESULTADOS

Tire apenas uma página daquela apresentação importante que daqui a pouco ele vai fazer para a diretoria. Mas escolha a página certa: a que mostra a evolução da área.

CAFEZINHO FRIO

Deixe todo dia um copinho de plástico com resto de café na mesa dele. É de enlouquecer.

PARABÉNS!

A cada dois meses, invente alguma coisa para as pessoas irem até o seu chefe para dar os parabéns. Aniversário, que vai ser pai, que vai casar, que ganhou um prêmio importante do mercado.

ALMOÇO-SURPRESA

Marque um almoço-reunião com aquele diretor que ele detesta. E, claro, diga que a ideia foi do diretor odiado. Na hora H, invente uma ligação urgente da sua mãe que caiu da escada e precisa que você a leve ao hospital.

CARTA ANÔNIMA

Mande cartas anônimas para seu chefe com textos românticos, ressaltando como o amor chegou para ficar.

O JOGO DA VERDADE

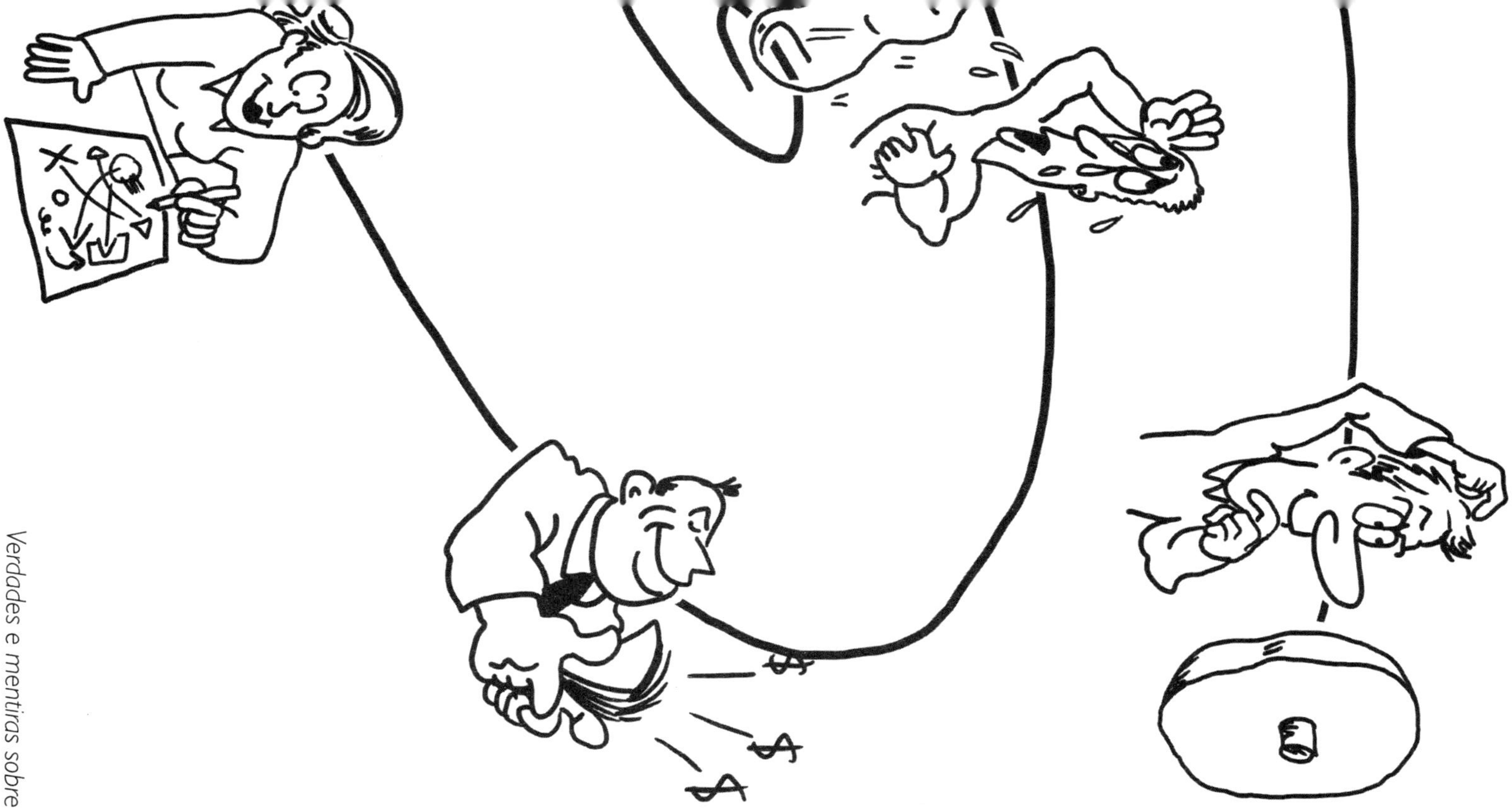

Verdades e mentiras sobre os chefes.

Rodando, rodando a garrafa!

O QUE DIZEM: CHEFE NOVO ADORA INOVAÇÃO

Verdade

Se o seu chefe for novo na área, não se preocupe. Em seis meses ele já estará mais integrado ao dia a dia da empresa e vai parar de ter tantas ideias-novas-inovadoras-que-todo-mundo-já-teve.

O QUE DIZEM: CHEFE SABE TUDO

Mentira

Chefe ACHA que sabe tudo, mas só, e somente só, ACHA. Deixe-o achar o que quiser. Acreditar é uma opção sua.

O QUE DIZEM: MEU CHEFE CONSEGUE RESOLVER TUDO

Mentira

Resolve nada. Ninguém é tão onipotente assim. Se seu chefe for realmente capaz de resolver tudo, melhor para você e para seu domingo de sol. Melhor para você, que vai sair mais cedo, e pior pra ele, que vai ficar até tarde na sexta-feira.

O QUE DIZEM: "NÃO" É A RESPOSTA-PADRÃO DE TODO CHEFE

Verdade

Mas o problema é que você faz a pergunta do jeito errado. Não se pergunta, por exemplo: "Posso entregar o projeto amanhã?". Seja inteligente: *avise*, e não pergunte. Diga cheio de personalidade: "O projeto segue amanhã. Tem dois dados que a outra área está passando daqui a pouco e vou checar se está tudo *ok*". Mesmo sendo mentira, seu chefe vai entender o atraso e achar você o máximo.

O QUE DIZEM: MEU CHEFE MUDO TUDO O TEMPO TODO

Verdade

E daí? O que você tem a ver com isso? Se seu chefe pediu mudança, tenha certeza que alguém pediu para ele. E, quem sabe, o trabalho fique até melhor.

O QUE DIZEM: CHEFE SÓ PENSA EM DINHEIRO

Verdade

Tá certo... Você pensa no bolso dos outros, é isso? Saiba que os desejos do seu chefe são os mesmos que os seus: um apartamento maior, um carro melhor, um cantinho em Paris para chamar de seu. Com a diferença que o bolso do chefe é maior do que o seu...

O QUE DIZEM: O CHEFE NÃO GOSTA DE MIM

Mentira

Se ele não gosta do seu trabalho não significa que ele não goste de você. Um pouco de terapia não faz mal a ninguém e ajuda a resolver problemas de rejeição.

O QUE DIZEM: EX-CHEFE É QUE NEM EX-NAMORADO

Verdade

Reencontrar ex-chefe pode até ser pior que reencontrar um ex-amor. Por isso, caso você se reencontre com seu ex-chefe, não aja como você age (age sim que a gente sabe) quando reencontra seu ex-namorado. Não diga: "Nossa, tudo bem? Estou ótimo!"; não investigue quem está no seu lugar e não queira saber se o ex-chefe está mais feliz agora que você foi embora. É bem provável que sua estrutura emocional não aguente ao descobrir que a empresa vai muito-bem-obrigado *sem* você. Talvez seja mesmo real: a empresa e seu chefe estão muito melhor sem você. Forte, né?

SETE PECADOS CORPORATIVOS

Os pecados mais idiotamente cometidos e repetidos dentro das empresas. Cometidos, inclusive, por você.

1. Onde se ganha o pão não se come a carne

Não adianta: se você estiver namorando alguém do trabalho, todo mundo já sabe. Mas fazer de conta que nada está acontecendo ainda é a melhor saída. E se o amor chegar ao "viveram felizes para sempre", veja com o RH se a empresa aceita ou não casamento entre funcionários. Se não for permitido, quem sai e quem fica?

2. Amigos, amigos, negócios à parte

Evite ao máximo trazer amigos e familiares para trabalhar com você. Principalmente se você vai ser o chefe deles. Ou, no fim, você perde o amigo e o funcionário.

3. Vestindo a camisa da empresa

Cuidado. Você não é da empresa. Você *está* na empresa. Não use o nome da empresa como seu sobrenome, nem acredite que o trabalho é a sua vida. Você não é colaborador, associado ou mesmo parceiro. Não. Você é *funcionário* da empresa, e, um dia, pode ser funcionário em outra freguesia.

4. Se beber, não vá à festa da firma

A melhor fantasia para ir em festas à fantasia de fim de ano da empresa é a de homem invisível. Se der, não vá à festa. Mas se a política de boa vizinhança exigir sua presença, chegue cedo e vá embora assim que cumprimentar a diretoria e o presidente. Não beba, não se agarre com colegas pelos cantos escuros e não dance como se estivesse na sua casa. Lembre-se: o RH está de olho em você.

5. Meu amigo de fé, meu irmão camarada: o RH

Não caia nessa. O RH não é seu amigo. O RH é os olhos e os ouvidos da empresa, é a antessala da porta de saída. O RH é o Lobo Mau vestido de Vovozinha. E, sim, você é a Chapeuzinho Vermelho. Acho que deu pra entender, não é?

Respeite o RH, e não faça dele sua terapia semanal para falar mal do chefe. Ninguém merece ouvir seus lamentos. Nem mesmo a assistente fofa do RH – que vai contar tudo para o *seu* chefe. Alguém aí duvida?

6. Eu aumento, mas não invento

A Rádio Peão, ou Rádio Corredor, existe e acontece em todos os cantos, bebedouros, copas, banheiros e corredores de uma empresa. Utilize-se dessa rede de fofocas apenas para se informar. Evite, ao máximo, ser informante ou um dos canais de divulgação das notícias internas. Não existe coisa pior que funcionário fofoqueiro.

7. O combinado não é caro

Ficar reclamando do salário e pedir aumento o tempo todo é coisa de funcionário chato e antigo. Você não pode ser caro para a empresa, e seu valor tem que estar equilibrado com o que você é e o que você faz. Peça revisão de função, crie novas responsabilidades e mostre que você, na verdade, cresceu e merece uma promoção. E, claro, um aumento de salário proporcional às suas novas tarefas.

O ATIVO + IMPORTANTE VOCÊ! 5S!
VOCE É COLABORADOR!
FEEDBACK
JORNAL DO RH
CAFE DA MANHA

Segure seu crachá e esconda seu vale-refeição. Aquele pessoal de sorriso de Monalisa *está chegando. Com vocês, o grande vilão corporativo: o RH.*

*F*oi assim...

Um dia o chefe do Departamento Pessoal resolveu visitar um cirurgião plástico e saiu do consultório uma nova pessoa. Ganhou muito *botox*, aplicação de maquiagem discreta, corte mais clássico *Chanel*, um regime rigoroso para igualar a coxa com o antebraço, um casaquinho despretensiosamente jogado nas costas e pronto: nasceu o Recursos Humanos. Ninguém sabe ao certo o ano em que tudo começou, mas pesquisas arqueológicas recentes encontraram um Jornal dos Colaboradores que data do final dos anos de 1980 – até agora o mais antigo catalogado numa escavação na região da avenida Paulista, em São Paulo.

Desde que o RH passou a existir nas empresas e cuidar dos vales-refeição e também *de você, colaborador,* que tudo mudou no mundo corporativo... Foi aí que as consultorias de reengenharia passaram a fazer parte, na década de 1990, do dia a dia aterrorizante dos funcionários; foi quando o estágio passou a ser chamado de "Programa de capacitação de novos talentos" e foi aí que o *trainee* nasceu.

Verdades e chatices do RH

- O RH não acerta, ele deixa de errar.

- Quando o RH quer ser "Recursos Humanos" é melhor correr. Lá vêm reuniões de integração aos domingos, cursos e mais cursos com *coachings* e palestrantes insuportáveis – e sempre começando às 7 da manhã; ou, pior ainda, novos programas de *trainee*.

- Já disse antes, mas vale a pena repetir. Você não é associado, colaborador, ou qualquer outra palavra pior para ligar você à empresa de um jeito quase carismático. Atenção: você é apenas funcionário da empresa. E continuará sendo enquanto for bom para a... empresa. Estamos entendidos?

- O jornal mais desinteressante do mundo é o editado pelo RH e distribuído em todas as empresas. Mais chatos ainda são o mural com um monte de notinhas "importantes" que ninguém lê e a *intranet* desatualizada e cheia de informações desnecessárias.

- Aliás, *intranet* só serve para achar ramal e ver quem é o aniversariante do dia. Se for alguém legal, vale a pena ir comer o bolo (floresta negra, claro). Se o parabéns-pra-você for de algum puxa-saco insuportável, invente uma reunião externa e não participe do bolão do presente ("são só dez reais!", alguém vai dizer).

As bobagens *top* do RH

- **Missão:** os textos das Missões criados pelo RH para conceituar para que afinal serve uma empresa só não são piores que as poesias toscas em dia de eliminação do *Big Brother Brasil*. Missão não serve para nada. Ninguém lê. Nem mesmo quem a escreveu.

- ***Feedback* 360 graus:** uma das coisas mais idiotas já inventadas e incorporadas por uma empresa. É impressionante como se gasta dinheiro com este projeto para fazer os funcionários (funcionários, SIM) mentirem uns sobre os outros. *Feedback* 360 graus nada mais é do que uma pessoa sendo avaliada por todos os *colegas de trabalho* que o rodeiam dentro da empresa. Quem vai realmente falar mal do outro assim, assinando embaixo? Tá bom... Você acredita mesmo que os sistemas dessa avaliação são confidenciais? O que foi mesmo que o Papai Noel te trouxe no Natal passado? Use a Rádio Peão para falar mal dos outros e não uma invenção corporativa.

- **Algemas de ouro:** sinceramente... Quem gosta de participar de um *Programa Algemas de Ouro*? O inteligente do RH que inventou o projeto e o nome "Algemas de ouro" deveria ser levado de volta ao tempo e entrar no lugar do Tiradentes na Inconfidência Mineira. *Algemas*... é um jeitinho fofo e financeiro de reter talentos. O

RH fecha um contrato com seu *colaborador* para obrigá-lo a ficar na empresa por 5 anos. No final do contrato ele, o *colaborador*, ganhará como alforria umas ações da empresa – geralmente coisa bem pouca. Eu sempre fui ingênuo mesmo... Sempre acreditei que uma pessoa deveria ficar numa empresa por um único e romântico motivo: porque gosta de trabalhar onde trabalha.

- **5S:** Alguém conseguiria explicar a real função dessa bobagem que atravessou o mundo e veio cair de paraquedas aqui nos trópicos? O *5S* é uma chatice criada pelos japoneses para trazer para os servos dos escritórios a *excelência-da-boa-arrumação*. Na tradução, para dar alguma lógica e manter a internacional marca *5S*, resolveram colocar a palavra "senso" – o "S", entendeu!? – na frente de cada ponto deste *programa-vamos-reinventar-o-mundo-corporativo*. Os 5 sensos são: de utilização, de ordenação, de limpeza, de saúde e de autodisciplina. Horror puro 5x. Ou seja, meus caros, a mesa deve ser um exemplo de arrumação; tudo que existir no seu cantinho deve ser realmente de utilização da empresa (nada de porta-retratos do Totó, certo?); a mesa, a pele do seu rosto e suas roupas têm que estar limpinhas, limpinhas (isso a gente até agradece); sua saúde deve estar ótima, medicina preventiva é a ordem do dia (esqueça as dispensas médicas...); e a sua autodisciplina deve ser impecável ("Como assim atrasou 5 minutos? Como assim não fez o dever de casa?", 15 chicotadas já!). Quanta bobagem, Batman!

- **Eventos de integração:** não quero, não vou, não me convide. Será mesmo que alguém do RH acha que evento de integração dá certo? Vou me integrar com quem eu quiser, isso sim. E de preferência onde e na hora que eu quiser, estamos entendidos? Evento de integração só existe para atrapalhar os domingos de quem tem amigos e família. Os solitários até agradecem o programa do fim de semana, mesmo sendo para encontrar aquele monte de gente que vê todos os dias. Chatos. Pior ainda: os eventos de integração adoram cair nos domingos de manhã. Depois tem apresentação em cima de apresentação de área que a gente não quer mesmo conhecer até chegar o momento-emoção da fala do presidente... É para pedir para desligar os aparelhos e atravessar o túnel de luz correndo. Há, inclusive, os eventos que conseguem extrapolar e levar cantor famoso da década passada para finalizar e mostrar o quanto tudo está ultrapassado. E o almoço? Bufê chique de salada murcha com guarnições cheias de frituras geladas. Muito refrigerante sem gás, sobremesa de mousse de chocolate em potinho de plástico e um café bem do mal passado com *petit four* de padaria vagabunda. Vou vomitar e já volto... Não, sério... Que tal aderirmos à campanha de cartas anônimas para o RH? Dizeres fofos, como: "Odiamos seus eventos", ou então "Da próxima vez eu grito" podem ajudar a equipe do RH-do-mal entender que evento de integração NÃO, *ok*!?

ENCONTROS SOCIAIS

Almoços da turma do trabalho, happy hour*, jantares de fim de ano, festejos de aniversário de quem você nem conhece no cafezinho do escritório... Deu medo?*

Pelamordedeus! Quanta gente chata junta. E, pior, é que é impossível não fazer parte de algum grupo... Até o humilde escritor aqui já passou (e ainda passa) por alguns dos momentos marcantes com os melhores-amigos-do-trabalho-que-eu-tanto-amo:

- **Mulherada do RH em começo de mês quando o cartão do vale-refeição está completo e está todo mundo podendo.** Para onde elas vão e fazem a festa: restaurante japonês. E é *sushi* para cá, *sashimi* para lá, e mais *shimeji*, por favor. E dá-lhe conversa alta e piada sem graça. E, claro, atrapalhando todo mundo ao lado, que só quer almoçar.

- **Churrascaria em encontro-almoço-integração da moçada de vendas.** Essa é uma cena de filme de terror do tipo B cheio de gordura. E não é difícil encontrar aquele querendo comer toda a carne do ano só porque o chefe é quem paga a conta. Brega.

- **Mauricinhos do marketing metidos a modernos nos restaurantes da Rua Amauri, no Itaim, em São Paulo.** Nossa, um porre! Precisando emagrecer? Participe de um desses almoços. É de perder a fome e querer ir embora para casa.

- **Mesa coletiva em pizzaria para brindar o ano que está acabando.** Tudo acaba: o ano, o papo e a pizza. Só não acaba o ânimo do povo em pedir a última saideira de chope cheia de *brinde-brinde-brinde*.

- **Almoço-reunião com o diretor da área.** Geralmente o chefe é quem decide onde esses encontros vão acontecer e a conta é rachada com você. Não tem jeito. Pior é não conseguir comer tendo que responder tanta pergunta besta. Sugestão: não peça nada que grude no dente. Já basta ter que falar enquanto mastiga.

- **Almoço corporativo medalha de ouro: aniversário de colegas de trabalho que você nem conhece direito.** E sempre tem uma assistente cheia de graça e tempo livre que resolve comprar um presente e fazer um bolão sem perguntar se alguém queria realmente ter participado. Além de ter que pagar os dez reais a contragosto (fazer o que com o anjinho bobo que diz que é chato não participar?), você ainda terá que escrever um recado fofo naqueles cartões em papel sulfite com uma imagem *clip-art* de festa. SOCORRO!

- ***Happy hour* gostoso com a turma da área.** Como fugir daquele encontro básico de fim de expediente e de semana? Não tem jeito... Em pelo menos um você terá que aparecer e rir das histórias sem graça do seu Amadeu, que A-DO-RA falar de trabalho. Nessa hora, é melhor beber e ir para casa de táxi. Só não deixe de provar os pasteizinhos de palmito que são especialidade do *happy hour*. Uma delícia!

- **Festas de empresa deveriam ser proibidas por lei.** De verdade, quem além do pessoal do telemarketing se diverte? E o melhor é que sempre tem os comitês da festa, com gente de tudo que é área *atarefadíssima* em criar e recriar sorteios de DVD *Player* (eu já tenho o meu, ok?), encontrar o melhor lugar para juntar a empresa toda, armar a mesa de caipirinha e o telão com vídeo cafona de emoção-fim-de-ano. Dá vontade de chorar. Pior ainda quando alguém inventa de inovar e faz as festas temáticas: preto e vermelho (o chefe é flamenguista); festa do branco (alguém, com certeza, é espírita) e a que leva todo mundo à loucura: festa à fantasia. Neste caso é melhor ir de homem invisível.

BALANÇO
Quali-
dade
Market-
share
INTEGRAÇÃO
Meta
Compe-
tência
expansão
Feed-
Back
Baixar
Custos
Mídia
Social
FACA
NA
BOCA
BOARD
Cliente
PRÓ-
ATIVO
VERBA
Gestão
Col
a-
borador
Bench
Mark
BRAND
LUCRO
ORÇAMENTO
.COM
Sangue
nos
OLHOS
Custos
ALINHAMENTO

Xeroque e corte a cartela e fichas!

Apresentamos a mais nova invenção para passar o tempo no trabalho e ainda aprender alguma coisa. Descubra quais as palavras mais usadas e abusadas no mundo dos negócios. Por que usá-las? E, principalmente, por que não usá-las?

Aqui vai um jogo que pode fazer seu dia mais feliz – e de seus *colegas-colaboradores* também: é o **Bingo Corporativo**. A receita é muito simples e fácil de lembrar. Vamos lá:

Ingredientes:

1 Planilha Excel
1 Impressora
20 Cópias da planilha
20 Canetas

Modo de preparo:

Pegue uma planilha Excel, escolha algumas células e separe, a gosto, várias palavras corporativas. Na planilha, desenhe uma cartela de bingo. Pegue as palavras e espalhe-as sem muita organização. Dê preferência às palavras que você ouve bastante no seu trabalho.

Como usar:

A cartela deve estar sempre com você, inclusive em reuniões externas, e dura um dia – 8 horas de trabalho. O jogo não é *workaholic* e não vale até meia-noite, hein? Ganha quem fizer toda a cartela. Não vale quina nem linha – senão o jogo acabaria muito rápido. Crie também **prêmios** que estimulem os jogadores! Que tal: *quem ficar em último lugar tem que passar o dia em eventos de Organização Gerencial do RH?*

Algumas palavras:

Alinhamento – acho bonito de se ver o povo alinhado!

Baixar custos – aqui vai uma expressão. Não vale só a palavra "custos".

Balanço – dá vontade de fazer um balanço e perceber que a hora de ir embora até já passou.

Benchmark – já reparou que o concorrente é sempre a referência, o *benchmark*?

Brand – eta inglês desnecessário. *Brand* = Marca.

Briefing – tudo tem *briefing*. Ou tudo acaba em *briefing*.

Cliente – essa palavra é muito usada, mas pouco lembrada de fato.

Colaborador ou associado – novas palavras para um velho conhecido: o FUNCIONÁRIO.

Competência – dos outros, é claro.

Concorrente – a grama do vizinho é sempre mais verde mesmo...

Conselho – que medo dos homens maus do conselho! Neste caso também valem as palavras em inglês, claro: *board* e *chairman*.

Consultoria/consultor – Meu Deus, mais gente metendo o bedelho e não deixando os outros trabalharem.

Custos – será que essa palavra também pode entrar duas vezes?

Estratégia – qual é a nova? Tem certeza que desta vez vai dar certo?

Excelência – aquilo que todo mundo diz que busca – mas não procura.

Expansão – quer dizer que vem vindo mais trabalho por aí...

Faca na boca – sem comentários.

Feedback – não, obrigado, não quero saber o que você acha de mim ou do meu trabalho. Essa palavra pode entrar duas vezes na cartela.

Foco – ai, Deus meu, para onde vou!?

Gestão – quem trabalha no RH já sai na dianteira com esta palavra.

Integração – ÓDIO (que eu tenho) dessa palavra!

Lucro – seu e não meu.

Market-share – essa palavra é boa e vale se for dito apenas "share".

Meta – odeio quem inventou essa palavra e seu significado.

Mídia social – deu sono... Até amanhã...

Motivação – alguém, de verdade, diz para o chefe que não é motivado?

Orçamento – vai cortar o que agora?

Paradigma – tá, *ok*, legal. Qual é o novo paradigma a ser quebrado?

Pesquisa – opa, pode entrar que cabe, claro, uma nova pesquisa saindo do forno. E sempre tem uma nova de novo desmentindo a anterior.

Pontocom – a moda que não passa mais. Toda empresa quer ser uma pontocom. E quem ainda vive pontosem?

Pró-ativo – queria saber se alguma empresa contrata alguém pró-passivo...

Produtividade – dos outros, é claro.

Qualidade – isso se ouve muito, mas existe pouco.

Rentabilidade – adoro quando dizem: "A rentabilidade não está boa!". Problema seu.

Sangue nos olhos – mais uma expressão que dá vontade de vomitar. Como alguém pode pedir para seu *colaborador* ter "sangue nos olhos"? A pessoa pensa mesmo antes de falar?

Terceirização – mais um sem carteira assinada...

Verba – uma lenda urbana do mundo corporativo. Dizem que existe, mas eu nunca vi.

ESTADO

Precisa dizer mais alguma coisa?

REUNIÃO

Uma reunião incomoda muita gente... Duas reuniões incomodam, incomodam muito mais...

Se tem uma coisa que não funciona nas empresas é a ***reunião***. Não serve para muita coisa e atrapalha o dia a dia de trabalho. Mas as pessoas adoram, amam marcar reunião. Acho que é coisa de gente carente que não tem com quem conversar depois do *expediente* (palavra linda!). Conheça dez reflexões sobre reuniões no universo corporativo:

1) Reuniões que se repetem diariamente, semanalmente, mensalmente, anualmente, são *chatilmente* as piores e as que mais são desmarcadas em cima da hora.

2) Agendamento de reunião automático que entra no seu calendário e ali fica grudado sem permitir que seja deletado devia dar cadeia para o remetente.

3) Convocar reunião em nome de diretores e presidentes para meter medo é, talvez, mais cafona que usar meia branca.

4) Reuniões marcadas na hora do almoço são o fim. Geralmente são solicitadas por quem não tem companhia para o restaurante por quilo ao lado do escritório – que é ótimo-nem-parece-restaurante-por-quilo! Reuniões-almoço só perdem para reuniões-*workaholic* marcadas para as 19h.

5) Gente que deixa celular ligado, atende chamadas de namorada/marido/mãe/manicure e diz: "Não, não, pode falar, tô só numa reuniãozinha..." merecia ir direto para o paredão. E a família pagar pela bala do revólver, claro.

6) Devia receber multa pesada quem acha que reunião precisa ter 20 minutos iniciais para falar sobre bobagens da vida. Entenda bem: conversas sobre assuntos pessoais, tempo, novela e aquecimento global eu tenho com meus amigos, *ok*?

7) Apresentações com mais de dez slides dão sono, gente. Em qualquer um. Aliás, se você não gostar do colega que está apresentando o novo projeto de fluxo de pagamentos, olhe bem para ele, mande um olhar entediado e boceje. Você acaba com a segurança dele e a reunião terminará logo.

8) Se reunião de *brainstorm* fosse legal não teria um nome como esse – "tempestade cerebral". Deus me livre! É um monte de criativos-incríveis tentando pensar em milhares de ideias novas – e sempre acabam fazendo o arroz com feijão da inovação.

9) Quando o chato da reunião começa a tirar o pedido do café ("Quer café? Chocolate? *Cappuccino*? Água?") eu tenho vontade de me jogar duas vezes pela janela, só para garantir. Isso demora uns cinco minutos; e outros dez quando a copeira chega. E tudo pode piorar quando o chato decide pedir umas frutas para acompanhar... E aí é todo mundo falando de boca cheia.

10) Reunião nunca começa no horário. Não adianta espernear. Então, fique na sua mesa esperando seu ramal tocar – quem sabe não te esquecem ou a reunião é cancelada. Milagres às vezes acontecem.

ORGANOGRAMA

Chegou a hora: o que fazem os principais cargos de chefia? Como é a escala de poder? Quem é chefe de quem?

Board

Termômetro de Poder: 10

Board, ou Conselho, é um monte de gente que ganha uma boa quantia de verdinhas apenas para ficar lá opinando sobre a empresa. Posso dizer com segurança que 99% das pessoas que fazem parte dele não sabem o que estão fazendo ali e muito menos entendem alguma coisa a respeito do ramo de negócios da empresa em questão. Mas tudo bem... É divertido mandar e desmandar sobre as vidas dos outros, não é? O *Board* seria o chefe máximo, ou melhor, os chefes máximos. É como se fosse a reunião do antigo Olimpo.

Em quem manda: em todo mundo.

Chairman

Termômetro de Poder: 10

O "Homem-cadeira" é o presidente do *Board*. Ou seja, é Zeus, o deus mais poderoso do Olimpo. É quem comanda o dia a dia da empresa. Geralmente, quem faz as vezes de *Chairman* são antigos CEOs. Respeite o *Chairman*, ok?

Em quem manda: no CEO e na Diretoria.

CEO

Termômetro de Poder: 8

Chief Executive Officer. Bonito o nome fica mesmo é no cartão de visitas. Tradução rápida? Presidente. Presidente da empresa pois, afinal, já aprendemos que o presidente do conselho é o *Chairman*. O CEO é uma figura interessante. A empresa inteira acha que ele é quem manda, mas não é verdade. Se o *Chairman* é Zeus, o CEO é Hércules, o filho mortal do rei do Olimpo. E quem faz o trabalho braçal é quem...? O deus ou o homem?

Em quem manda: na diretoria.

DIRETORES

Termômetro de Poder: 6

Agora as palavras estão em português? Mais ou menos. Com inveja dos chefes supremos, os diretores começaram a criar um monte de siglas em inglês para dizer o que são: CTO (Diretor de Tecnologia), CFO (Diretor Financeiro) etc. Mas, na prática, continuam diretores: pessoas sem muita autonomia, mas que adoram comandar seus pequenos feudos corporativos. Diretores adoram ouvir seus subordinados falando cheios de medo: "Foi o diretor que pediu...".

Em quem mandam: em toda sua área, mas seu contato direto é com superintendentes e/ou gerentes.

SUPERINTENDENTES

Termômetro de Poder: 5

Este talvez seja o título mais arrogante de uma empresa. Parece pesadão, não é? Superintendente tem nome de gente poderosa. Mas não passa mesmo é de uma denominação mais imponente para "Gerente Geral". Superintendência é o limbo do trabalho. É aquele que não quer mais ser chamado de gerente e ainda não foi alçado ao planeta maior dos diretores.

Em quem mandam: nos gerentes e/ou nos coordenadores.

Gerentes

Termômetro de Poder: 4,5

Os gerentes gerenciam. Basicamente é isso. Quer ver um gerente bravo? Basta ligá-lo a um Gerente Geral ou a um Superintendente. É o *downgrade* que está nos piores pesadelos gerenciais. Gerente que é gerente é ligado diretamente ao diretor.

Em quem mandam: nos coordenadores (quando existem) ou diretamente na equipe.

Coordenadores

Termômetro de Poder: 2

O posto mais baixo da escala de poder. Aqui estão os futuros gerentes. Mas atenção: coordenação parece ter se tornado carreira. Tem coordenador que é coordenador a vida toda. Se seu cartão de visitas "coordenador" já está fazendo aniversário há muito tempo, chegou a hora de procurar um jeito de mudar para, pelo menos, coordenador geral.

Em quem mandam: na plebe corporativa: assistentes, analistas etc.

PLANO NÃO!
PLANOS SIM!

PERSONAGENS CORPORATIVOS

Encontre os tipos mais comuns de colaboradores/ associados. Descubra o que seu chefe acha de você.

Se você acha que só chefe tem "tipo", errou. Veja como são os mais conhecidos personagens de escritório. Reconheça-se aos olhos do seu chefe:

Malu Mulher

Aquela que está sempre com a trilha sonora da Simone na vida: "Começar de novo e contar comigo". A Malu do escritório tem aquela cara de eu-vou-conseguir-mesmo-meu-chefe-não-gostando-de-mim.

He-man ou She-ra

"Eu tenho a força" é o lema dele ou dela. Está sempre pronto(a) para os piores e mais extenuantes trabalhos. Geralmente *workaholics*, o chefe sabe que pode usar e abusar da família do Castelo de *Grayskull*.

Bozo

O palhaço da área. Aquela ou aquele que adora fazer gracinhas – geralmente bem sem graça. O chefe não demite o BOZO porque é sempre importante ter um bobo da corte mostrando que tudo podia ser pior. O BOZO podia ser o chefe. Já pensou?

Shrek

Um ogro este ser. Um nojo, tem carinha de gente que não é lá muito chegada a um banho com sabonete. É tiro certo: os SHREKs não trocam de cueca e suas roupas são bem mal lavadas, com cheiro de produto de limpeza barato. Mas, como bons ogros, têm um grande coração. O chefe sabe que pode confiar no SHREK.

Hardy, a hiena

"Ó vida, ó céus... Acho que não vai dar certo..." Como enche trabalhar com um derrotado que acha que tudo vai dar errado. Tenha certeza de uma coisa: o chefe realmente não gosta de HARDYs – por mais certos que eles possam estar.

Diabo veste Prada

Esta pessoa tem o chicote nas mãos e o chefe adora deixar o DIABO tomando conta da turma. Nada como ter alguém fazendo o trabalho sujo, não é?

Pollyanna

Ai, que chata! POLLYANNAs são tão insuportáveis quanto os HARDYs. Sabe aquela gente que logo de manhã já está sorrindo e vem cheia de bons-dias felizes? Os chefes também não gostam muito das POLLYANNAs. E não estão errados.

Helena

Não, meu caro, não é a Helena de Troia. É a da novela mesmo. Aquela que mora no Leblon, tem uma vida ótima – mas que sempre tem uma pontinha de infelicidade atormentando. E, claro, a HELENA está aqui neste mundo de meu Deus para ajudar o próximo. Pois é... As HELENAs também existem no universo corporativo e sempre acham um tempinho para dar uma força a todos os colegas. Também são ótimas ouvintes dos problemas amorosos da secretária. Todos acabam gostando da HELENA. Principalmente o chefe.

Flora

Este personagem também atende pelo nome de A MALVADA ou MARIA DE FÁTIMA, numa alusão, mais uma vez, às novelas. MARIA DE FÁTIMA, no caso, da saudosa *Vale Tudo*. Aliás, a FLORA em questão também vem do folhetim das oito. Dissimuladas, as FLORAs querem o poder e vão fazer de tudo para conquistá-lo. Mas as FLORAs esquecem que novela é novela. Só na novela elas enganam. Na vida real, o chefe é bem mais esperto e já está preparando a sepultura da coitada.

MacGyver

Lembra daquele herói de série de TV dos anos 1980? Pois é, os MacGyvers corporativos também são velhos conhecidos. Velhos em todos os sentidos. Sabem tudo, fazem tudo, conseguem tudo. Chatos. Os chefes deixam os MacGyver de corte de cabelo cafona agirem só para irritar a equipe e divertir um pouco as dez horas de labuta diária. Divertir o chefe, vamos deixar claro.

Esqueça o certo e o errado. Toda área tem seu estilo próprio. Entenda o seu.

Moda RH

O pessoal do RH é fácil de identificar. A mulher tem sempre cores claras, suaves. E o detalhe da malhinha nas costas quer dizer: "Sou bem precavida! Vai que faz friozinho, não é?". O gerente do RH está sempre de terno azul-escuro, óculos e cabelo a la RH.

Moda marketing

Ih... Neste universo tem um pouco de tudo: mauricinho que só veste Armani; moderninho – de 40 anos – com camiseta sobreposta a outra de manga comprida; menina de 20 anos com *piercing* e roupa rosa, no melhor estilo *girly*.

Moda vendas/compras

Sem dúvida, aqui está a turma que menos noção de moda tem. Os homens amam camisa de manga curta com gravata, ternos marrom-cocô bem mal cortados, calças com barra curta demais – quase uma calça pescador. Mas o que mata mesmo são três detalhes: meias brancas, cinto transpassado e celular pendurado na cintura. As mulheres desta área adoram comprar a vitrine de loja com qualidade B e não saem sem seu sapato *mule*.

Moda financeiro

Todos querem ter jeitão de *Wall Street*, mas a alma latina não larga o corpo da pessoa. As camisas dobradas que vêm com as iniciais bordadas até que são bem cortadas, mas acabam errando no sapato (muita fivela) e na gravata jogada para trás que, tentando dar um ar despojado, não cola. A mulherada financeira curte mesmo é um *tailleur* escuro, também inspiradas nas amigas nova-iorquinas. Preguiça...

Moda tecnologia

Uma coisa tem que ser dita: o pessoal de Tecnologia não gosta muito de contato humano. Além de sempre arrumarem os computadores quando nunca tem ninguém no escritório, a moçada tem um uniforme robótico (além daquele olhar vidrado). Camisa branca com bolso, punhos abotoados, calça preta ou jeans escuro, sapato de amarrar e um *Blackberry* na mão. Cabelo penteado demais, e o branco do rosto lembra muito aquele pessoal que adora passear à noite pelos cemitérios... Medo.

Moda atendimento ao cliente

Tudo muito alinhado na moça que carrega o crachá de gerente de atendimento ao cliente. O sorriso limpo e branco não contrasta em nada com suas camisas brancas de gola pontuda que vão por dentro da saia-lápis. O sapato de salto médio é bem correto. Aliás, o figurino é todo correto na área. Pena que o atendimento aos clientes não seja assim tão correto.

Moda diretores

Estes semideuses corporativos são sempre a fonte de inspiração para o terceiro escalão da empresa. Quando o diretor acerta, acerta bonito. Os ternos de 5 mil reais são perfeitos. As gravatas são perfeitas. Os sapatos italianos são perfeitos. Mas o modelo não é assim tão perfeito... Pode até ter dinheiro, mas nem sempre a roupa da revista lhe cai bem. E quando os diretores erram no figurino? Ah, aí é um festival de ternos de segunda linha e calças que eles puxam tanto que acabam virando verdadeiros *tomara que caia*.

Moda diretoras

A mulherada que chega lá é bem da inteligente, não há dúvida. Mas nunca vi diretora com estilo próprio. Elas acabam tentando concorrer com os homens e seguem pelo caminho cômodo da roupa escura: preto e preto. E sapatos pretos, claro.

Moda presidente/CEO

Aqui tem dois estilos. O tradicional, que usa a roupa que a mulher escolhe, e o mais moderno, que vai de calça jeans ou calça com duas pregas com cinto, camisa sem gravata, sapatênis e mochila com o notebook. Este último tipo a gente encontra bastante no varejo. O tradicional, geralmente, usa relógios que mostram bem o salário que tem.

OS DEZ MANDAMENTOS DO TRABALHO

Já dizia o sábio: "manda quem pode, obedece quem é esperto".

Os dez mandamentos do trabalho

1. Amarás a Empresa sobre todas as coisas

2. Não tomarás o santo nome da Empresa em vão

3. Guardarás domingos e festas para os eventos de integração

4. Honrarás lucro e custos

5. Não matarás o tempo do trabalho

6. Não pecarás contra a rentabilidade da empresa

7. Não furtarás o dinheiro dos acionistas

8. Não levantarás falso balanço – principalmente na frente da imprensa

9. Não desejarás trabalhar para a concorrência

10. Não cobiçarás os bônus alheios – principalmente os da diretoria

TRAINEE X ESTAGIÁRIO

O que é um, o que é outro. E, o mais importante: como conseguir ser efetivado.

São três as portas de entrada de uma empresa:

1. QI (Quem Indica);
2. Programa de Estágio e
3. Projeto Trainee.

Como a primeira porta é para poucos – bem poucos, por sinal –, vamos nos ater às duas portas possíveis. Possíveis, mas não fáceis.

Muita gente acha que *trainee* e estagiário são iguais. Pois é... Como posso dizer isso... É assim... *Trainee* e estágio são a mesma coisa. Pronto, falei. Claro que há algumas diferenças... O salário e o crachá.

Estágio é aquele programa aberto para jovens estudantes do primeiro ou do segundo ano de faculdade. O coitado do estagiário trabalha. Trabalha mesmo. Exerce função real, mas está sempre na berlinda... Sempre angustiado se vai ou não ser *efetivado*.

Já o nosso querido *trainee* não... O bonito entra pela porta da frente para ser **treinado** para ficar na empresa. Geralmente é um monte de recém-formados que pouco ou nada sabem sobre o mercado e – erroneamente – logo após um ou dois anos dentro da empresa como *trainee* acabam absorvidos pela folha de pagamento em cargo de chefia (sim, chefia). Geralmente acabam se tornando chefes daqueles que os ensinaram tudo... De quem é o erro dos programas de *trainee*? Duas letras e uma chance... Descobriu fácil, não é? O RH, mais uma vez, é o vilão sem charme desta história.

Nada contra os jovens promissores. Claro que não. O problema é a forma com que são contratados. Muitas vezes através de testes medíocres e bobos, bobos, bobos. Cheios de dinâmicas de grupo e métodos superficiais para *descobrir novos talentos*. Um outro erro óbvio é treinar alguém para ser chefe. Isso não existe. Desculpem os milhares de *trainees*, mas liderança é um talento nato. Talvez vários dos jovens *trainees* até tenham a liderança como característica, mas, de fato, Projetos *Trainees* são apenas uma vingança do RH para atrapalhar o dia a dia das áreas de uma empresa. Projetos *Trainees* geralmente são os grandes momentos dos planos de metas da área de RH. Uma bobagem que não deveria ser levada a sério. Não entendo como conselho e diretoria aceitam essa forma tão equivocada de criar substitutos de gerentes e coordenadores.

Mas, se é assim que a banda toca, vamos nós pegar à partitura e produzir os melhores acordes, não é? Confira algumas estratégias para estagiários e *trainees*:

- **Estagiários, aceitem:** trabalho faz parte do seu dia a dia. Não existe melhor maneira de aprender como se trabalha na área que você escolheu para chamar de sua do que trabalhando. Todos sabemos que a faculdade não vai te preparar para o mercado. E o bom é que nem você nem o seu concorrente. E não importa qual universidade você e o vizinho estão fazendo. Acaba sendo tudo a mesma coisa nas dez horas diárias de trabalho.

- ***Trainees*, aceitem:** trabalhar é ainda a melhor forma de mostrar para que você veio. Boas ideias são ótimas, mas não se esqueça de checar se sua *brilhante-sacada-logo-de-cara* já não foi pensada e repensada pela equipe que já trabalha na empresa há muito tempo.

- **Estagiários estão de olho no relógio?** Parem com isso já. Sei que hoje existem regras e mais regras de horários, deveres e direitos para os programas de estágio. Mas não dê bandeira: não use a Rádio Peão para avisar que você está trabalhando além da conta. Empresa nenhuma vai contratar grevista. E seu gerente já tem coisa demais para pensar e resolver. Poupe-o da pergunta: "Posso fazer ponte no feriado?". Aliás, um bom gerente vai ficar de olho em estagiário que quer trabalhar. E também vai ficar de olho em estagiário que só pensa no fim de semana.

- ***Trainees* estão de olho no relógio?** Então comecem a olhar a hora passar. *Trainee* adora brincar de *workaholic* e isso não faz bem para a saúde. Além de deixar o resto da sua equipe bem irritada: "Esse *trainee* só quer mostrar serviço", é o que a Rádio Peão vai dizer.

- **Estagiários, cuidado. Não sejam tão humildes.** Estagiário sempre é servil demais, aceita tudo e faz até as vezes de secretário particular do chefe. Seja o primeiro a querer ajudar, mas seja firme e lembre o seu chefe de que você está na empresa para trabalhar. Ou pelo menos aprender a trabalhar.

- ***Trainees*, cuidado. Sejam mais humildes.** *Trainee* e "salto alto" são quase sinônimos no mundo corporativo. Ninguém está com vontade de te dizer "seja bem-vindo", e você ainda chega de nariz empinado e cheio de verdades? Não faça isso não. Faça amizade com todos os escalões. Principalmente com as pessoas que, possivelmente, você vai gerenciar.

- **Estagiários e *trainees*: dica final.** Não acredite que você vai terminar seus últimos dias de labuta na mesma empresa em que começou a trabalhar. Não seja tão romântico. Bobagem chegar a presidente para falar cheio de emoção na festa de fim de ano: "Eu comecei aqui como estagiário...". Isso é século XX demais. O bom mesmo é mudar, testar novas empresas até acertar e encontrar o lugar onde você pode sonhar com as três siglas da moda: CEO – *Chief Executive Officer* (em bom e velho português: presidente). Ou você pensou mesmo em se casar com a primeira garota com quem você ficou? Jura mesmo que seu namorado dos quinze anos é seu príncipe encantado?

Manias corporativas

Estamos trabalhando para melhor estar irritando o senhor, senhor.

Jeitos e trejeitos dos que acham que parecem bacana-sou-eu-neste-escritório:

- **Muletas verbais de quem não sabe como começar, manter ou terminar uma conversa corporativa.** Qualquer fala começa com: "Na verdade..." (que bom, você não está mentindo desta vez!); "Então..." (então... vamos lá... então, o quê?) ou "Tipo assim..." (ainda é adolescente?). A pior: "A nível de...", sem comentários! Não entendo como alguém continua falando assim. É o mesmo que andar com celular pendurado na cintura da calça.

- **"Aspas".** Dá vontade de cortar os dedinhos bonitinhos de quem adora falar e fazer o sinal de aspas. E o pior é que a *besta* coloca aspas em tudo. Diz, *tipo assim*, "Vou numa reunião de 'diretoria'", e faz o sinal de aspas com os dedos. Sempre fico em dúvida se decepo a mão do tonto, se mato quem está falando ou se pergunto o porquê das aspas. Pensando bem... Já sei! Fico com a segunda opção. Vai que a resposta é pior e só arrancar as mãos não adianta. E se o chato resolve colocar uma mão postiça que faz o movimento-irritação? Não, não... Melhor não arriscar.

- ***Cards* com dizeres profundos e cheios de mensagens de vida na mesa de trabalho.** Não dá, não aceito, não tolero! Vai fazer terapia. Gente chata que chega com sorriso-meditei-agora-e-não-escovei-os-dentes devia receber prisão perpétua. Com vista para o Minhocão.

- **O problema é que nosso *market-share* está perdendo espaço para os novos *B2Cs* que chegaram. Precisamos de um reposicionamento de *marketing*, uma campanha de *branding*. Vamos fazer o *to do?*** Já virou lugar-comum, tá certo. Falar que todo mundo adora jogar do nada um inglês durante as conversas corporativas já virou lugar-comum... Então por que as pessoas insistem em falar em inglês enquanto constroem frases em português? Dá pra parar?

45 RESPOSTAS E ½ DE UM EX-EXECUTIVO DE SUCESSO*

O diário secreto: as respostas que valem bônus

* *muitas perguntas foram retiradas de entrevistas dadas para* Veja, Marília Gabriela Entrevista, Folha de São Paulo e UOL.

1. Qual a melhor empresa?

Geralmente aquela na qual você ainda vai trabalhar. Empresa é tudo igual, só muda de CNPJ.

Para seu chefe, com certeza, a melhor empresa é o concorrente direto. Já reparou como aquela-marca-que-não-deve-ser-lembrada é a que sempre faz tudo direito e tem as melhores ideias? Se servir de consolo, saiba que lá do outro lado do arco-íris é a mesma coisa. O chefe de lá também acha o concorrente melhor. O concorrente, no caso, é você.

Está compreendido, então? Esqueça as listas das 100 melhores empresas, dos 100 melhores empregos, das 10 marcas Mais Mais. Só nas revistas de negócios é possível fazer ranking. Na vida real, a corrida pela meta é igual em todos os andares dos – caros – prédios corporativos. E o bônus que vai te dar direito à aposentadoria eterna também é desejado por todo mundo. Até pelo seu chefe. E pelo seu futuro chefe, em alguma empresa que ainda está para cruzar seu caminho.

2. Qual o melhor currículo?

Aquele que não amedronte quem for te contratar. Cuidado na hora de se colocar acima das estrelas. Nenhum chefe quer contratar uma pessoa tão bem equipada assim. Você contrataria alguém que pode te mandar de volta para a busca desenfreada por um emprego?

Outra coisa: não invente cursos, cargos e atribuições. Tudo é checado e, pior que não conseguir o emprego, é passar por mentiroso.

E, gente, chega de ser inovador onde não precisa. Currículo é simples, sucinto e direto. Ninguém (nem mesmo seu namorado) quer saber quais são seus hobbies nem quer ler textos divertidos e engraçados, ok? Não acredite nesses modelos de currículo que navegam pelos sites de emprego.

3. Como crescer numa empresa?

Desculpem-me os muito tímidos, mas marketing pessoal é fundamental. Não tem jeito... Claro que trabalhar também conta, e claro que fazer um bom trabalho também é importante. Mas quem sabe que foi você quem desenvolveu aquele projeto? Tem certeza que seu chefe está dando os créditos para a pessoa certa – você?

Use a Rádio Peão como aliada, saiba como fazer as pessoas perceberem que você existe. Acreditar que vão te dar o devido valor sem você precisar fazer a sua propaganda é o mesmo que ainda botar fé na bobagem do *The Secret* (O Segredo). Haja pensamento positivo... Não sabe o que é o *The Secret*? Não perdeu nada.

4. Qual a melhor mídia para uma empresa expor sua marca?

É aquela que pega seu cliente onde ele menos espera: na forma que ele escolheu para se informar – jornal, revista, Internet, TV e Rádio. A famosa mídia espontânea é o jornalismo como ferramenta de marketing.

Ter a imprensa contra a empresa é uma grande idiotice. Seja fonte dos jornalistas no conceito maior daquilo que sua marca representa. Se for do ramo de construção, por exemplo, não tente empurrar o quanto seu novo condomínio é fantástico. Não. Aproxime-se dos jornalistas certos e mostre o quanto você sabe tudo sobre novidades de construção, sobre a necessidade do meio ambiente estar atrelado aos novos empreendimentos e como você pode ser o *link* direto entre o jornal e as últimas informações que ele veicula. E não adianta criar porta-voz... Jornalista quer fonte quente, quer gerente, diretor e presidente.

Lembre-se de falar com todo e qualquer veículo de informação. Todos são válidos. Dê a mesma atenção e disponibilize o mesmo tempo para o maior jornal do Brasil e para o jornal de bairro de João Pessoa. Primeiro, porque você não sabe qual jornal seu cliente prefere. E, sendo *Arte da Guerra* total, você não sabe se amanhã o repórter do jornal de bairro de João Pessoa assumirá a direção da principal revista semanal do país...

5. Se você pudesse, onde investiria todo o dinheiro da empresa?

No cliente. Poderia responder assim, seco: NO CLIENTE E PONTO. Mas vamos nos estender um pouco mais.

É incrível como numa empresa se discute metas, lucros, campanhas enormes e caríssimas para lançamento de produto ou decoração do escritório novo da filial de Belo Horizonte. Mas na hora de falar do cliente, todo mundo foge e larga a coitada da Gerente de Relacionamento desesperada e sozinha num escritório deserto. E mais triste ainda: sem nenhuma verba para conseguir resolver o problema do... cliente.

O cliente deveria ser a única palavra daqueles textos intermináveis e sem qualquer nexo das Missões das empresas. Afinal de contas, para que mesmo que todo o *board* recebe seus gordos salários? Para que mesmo que se ganham bônus? Para que mesmo que uma empresa nasce?

Lembre-se: é mais caro conseguir um cliente novo que manter um que já está dentro da casa.

6. Como ter minha parte em dinheiro?

Não terá. Então, aproveite bem os cafés da manhã dos encontros corporativos.

Eu realmente nunca entendi essa pergunta. Você acha mesmo que se a empresa não gastasse os tubos que gasta em festas batizadas de "eventos de integração" ia pingar um dinheirinho a mais na sua conta? Nem a Alice, de *Alice no País das Maravilhas*, era tão tolinha assim.

7. Vale a pena ser puxa-saco?

Puxa-sacos têm vida curta e só os chefes medíocres gostam deles – geralmente os que têm pouquíssima influência na empresa.

Portanto, se você gosta de paparicar o chefinho, saiba que sua vida será curta. Não espere nem simpatia dos colegas e nem mesmo uma promoção por bom comportamento. A única pessoa que provavelmente vai gostar dos seus serviços será o filho do seu chefe. E só se ele tirar dez no trabalho de geografia que VOCÊ vai fazer.

8. Por que não eu? Por que eu não fui promovido?

A pergunta está errada. Tente, primeiro, entender por que o outro foi promovido. Você realmente está pronto para a promoção?

Se sim, procure outra empresa. Não fique num lugar que não valoriza o seu trabalho. Se não está pronto, não se martirize. Nem sempre a gente está no ponto para uma subida de cargo. Relaxe e veja o outro se ferrando um pouco. Sim, meu caro, nenhuma promoção é feita só de glórias.

9. Como conseguir um novo emprego sem largar o que tenho?

Sendo esperto. Não conte para ninguém que está procurando outro trabalho – nem para seu *melhor-amigo-da-vida-inteira-do-trabalho*. Nunca pense que o seu colega de empresa realmente só quer o seu bem. Ele quer o bem dele acima de tudo e informação vale ouro no mundo corporativo. Avisar o chefe que "tem gente da área sem foco nas metas" é mostrar serviço. Além disso, claro, também vale ouro descobrir um emprego melhor na empresa do outro lado da rua.

Uma estratégia também *a la Arte da Guerra*: você é mais valorizado pelo mercado quando está empregado. É a mesma coisa quando se está solteiro e ninguém te dá bola. Comece a namorar pra ver se a

Angelina Jolie ou o Brad Pitt não começam a ligar desesperadamente para dizer para você, e em inglês, "*I love you!*".

10. Falo ou não falo com meu chefe?

Falar o que e para quê? Falar que não gosta do seu trabalho? Para! Seu chefe não é seu terapeuta e não tem obrigação nenhuma em te fazer feliz.

Falar que gostaria de uma promoção? Primeiro saiba se você a merece.

Falar que você precisa de um aumento? Antes de mais nada, descubra quanto uma pessoa da mesma função/posição ganha. Nenhuma empresa pode pagar mais pelo seu serviço só porque "Eu mereço" ou "Eu trabalho nesta empresa há mais de dez anos". Sinceramente, problema seu.

Antes de se achar *o profissional do ano*, pense no seu **Fator Hebe Camargo**. O que significa? É mais ou menos assim: o único profissional do Brasil que tem seu trabalho valorizado independentemente da marca da empresa é a Hebe Camargo. Para onde a eterna musa da TV for seu público vai junto. E você? Fora do andar do escritório da empresa consegue manter seu nome forte?

11. Como conviver com uma área inimiga?

Eliminando-a. Crie uma estratégia para destruir o inimigo. Nada de: "Vamos conversar". Esqueça. O ideal é conseguir que a diretoria perceba que você consegue absorver a área alheia sem perder produtividade e, ainda, melhorando os custos graças aos salários que serão economizados.

Fique amigo do diretor da área mais forte. Monte um fluxograma com todos os novos processos que serão melhores para o lucro do fim do ano. Cresça e apareça. Faça a outra área ficar em segundo plano e use a Rádio Peão para acabar com a autoestima da equipe inimiga.

Se você conseguir passar por tudo isso ileso, parabéns. Sua frieza é digna das empresas americanas. Caso você desista ou o plano não dê certo, tudo bem. Você já está pronto para viver uma vilã das novelas do Gilberto Braga.

12. Minha empresa foi comprada... O que eu espero disso?

Está esperando o quê, Pedro Bó? Caia fora enquanto ainda está recebendo seu salário mensal. É mais fácil encontrar outro bom emprego enquanto ainda se está empregado. Dispare seu currículo, acorde sua rede de relacionamentos. Não espere que seu próximo dono *adore-você-de-paixão*.

Assuma esta verdade: quem compra é quem fica, quem é comprado é quem sai. Não fique que nem pobre em festa de gente rica querendo dar uma de fino para fazer parte da turma. Não. A turma dos endinheirados sabe muito bem o pé-rapado que você é.

Também não faça o papel do desesperado – "Minha mãe está doente!" – nem dê as costas para o passado fingindo que você, na verdade, queria era estar na casa dos concorrentes que compraram a empresa que pagava o seu salário. Um pouco de dignidade, por favor.

13. Se descobrir que o salário do meu colega que faz a mesma coisa que eu é maior, o que faço?

Primeiro: é feio bisbilhotar nas coisas dos outros. Segundo: não conte para ninguém e, principalmente, não conte para o RH o que você descobriu. Tente um aumento com seu chefe quando você entregar um bom projeto. Até lá, pare com a inveja e tente entender o que você não fez para receber o mesmo salário. Pode ser que você realmente ganha o que merece.

14. Sou vítima de assédio moral... O que faço?

Vá embora da empresa. Você acha mesmo que é possível processar o local de trabalho e ainda continuar seu funcionário? E, atenção. Não estou dizendo para você pedir demissão e colocar a empresa no pau. Pense duas vezes se vale mesmo a pena ficar anos processando seu ex-patrão. Será que você vai ganhar tanto dinheiro assim? Vai ser bom viver com o passado amarrado à sua vida por um tempo sem fim? E, é terrível falar isso, mas pense um segundo como chefe: você contrataria um funcionário que está processando a empresa de onde veio?

Faça o fino, peça demissão para o RH e entregue uma carta em que explica os reais motivos da sua saída. Mande cópias para toda a diretoria, presidência e segundo escalão. Dificilmente seu ex-chefe ficará na empresa. Vingança ainda é um prazer dos reles mortais. E é uma delícia.

Em tempo: um chefe que comete assédio moral morre de medo de gente grande de verdade. Não se intimide pela dureza deste tipo de gente. Fale mais grosso. Não baixe a guarda e é bem provável que parem de importunar a sua vida.

15. Uso o segredo pessoal de alguém para conseguir roubar-lhe uma promoção?

Jamais! Coisa horrível. Se você já pensou em fazer isso, saiba que nem em novela mexicana esse tipo de personagem dá certo. Que tal começar a trabalhar mais e melhor?

Uma coisa é certa: se você conseguir subir com esse tipo de artimanha, não vai durar muito tempo. O último capítulo da novela realmente existe.

16. Faço MBA?

Eu acho MBA uma das bobagens mais bem pensadas e enraizadas no cotidiano corporativo. Não conheci até hoje um gênio que tenha feito

MBA ou uma pessoa que tenha se tornado um profissional melhor por causa desse curso com sotaque americano. Mas... Se você tem saco para perder sábados e sábados com gente metida e chata, faça o tal MBA. Realmente esse curso ajuda numa superpromoção. Mas já que vai fazer, faça um bom, porque MBA com carinha de subdesenvolvido não rola. Esqueça esses de segunda linha ou de Internet. Você só vai jogar dinheiro – muito dinheiro – fora.

17. Vale a pena contratar um *coach* para chegar lá?

Bobagem, bobagem e bobagem. Preciso falar mais?

18. Quem é o pior chefe: o homem ou a mulher?

Vamos ver... Quem são os melhores e principais vilões corporativos do cinema e da TV? As mulheres, claro. O diabo que vestia Prada era o quê? Mulher. Odete Roitman era a incrível Beatriz Segall. Mulher. No seriado americano *Damages* quem é que faz as vezes de Maquiavel? Glenn Close. Mulher de novo.

Neste caso, a arte imita mesmo a vida. As feministas podem torcer o nariz e queimar o sutiã, mas mulher no poder é ainda mais visceral e nervosa que homem. Para não dizer que é mais cruel mesmo.

19. E quem é mais competente? O homem ou a mulher?

Sinceramente, já vi homens competentíssimos e mulheres incompetentes. Já vi mulheres de um talento extraordinário e homens que não valiam o salário que ganhavam. O sexo, com certeza, não garante mais ou menos competência. Nisso, acho mesmo é que os dois sexos são iguais: ambos podem acertar e errar. Ambos podem aprender muito, assim como desaprender rápido. E ambos são ambiciosos e fazem coisas que vão além da sua própria competência para conseguir os cargos desejados.

20. Os fins justificam os meios?

Sim. Infelizmente, sim. Dependendo da linha da planilha financeira que dá nome ao "fim", o meio é ainda mais justificado por todos. Se o "fim" for a palavra "lucro" ou "rentabilidade", os meios para conquistar o melhor número na tabela de Excel podem variar sem qualquer critério, ao gosto da ganância do dono do "fim". Veja a crise financeira de 2007-2008. De onde e como ela nasceu? Não sabe? Pois deveria saber. Faça uma pesquisa e descubra. Isto daqui não é livro de História.

21. Inveja do colega de baia é normal?

Normal é. Aliás, bem normal. E isso ocorre entre 100 a cada 100 profissionais. E, ao invés de perguntar cheio de mágoa para seu chefe: "Por que eu não ganhei a promoção?" ou "Por que eu não fui o escolhido para participar do evento em Nova York?", pergunte para você mesmo: "Por que não eu?". Ouça a resposta, tente ser sincero e perceba seus limites. Melhore para a próxima edição do evento – e vai que desta vez é em Paris! Agora... Se não tiver nada de errado e quem deveria estar andando pela Quinta Avenida é você, meu bem, não demore a arrumar suas gavetas e partir para outro emprego.

22. Mais uma segunda-feira... É normal querer que a sexta-feira chegue logo?

A melhor coisa que a TV Globo fez para os trabalhadores do mundo corporativo foi tirar aquela musiquinha que encerrava o *Fantástico*. Pelo menos a música não existe mais para pontuar o inferno que se repete a cada domingo: amanhã é segunda-feira. Pois é... É humano gostar mais da sexta que do começo da semana. Mas... Sinceramente, você acha mesmo que não é possível gostar de todos os dias da semana? O que há de tão errado na coitada da segunda-feira? Se você já tem a resposta, já tem a solução para o domingo deixar de ser seu Freddy Krueger.

23. Até onde vou pelo bônus?

Até onde? Já sabe? Tem certeza? Então... Vai lá e depois me conta se valeu assim tanto a pena.

24. Falo tudo para meu chefe?

Nunca pensei. Falar o quê? Para quê? A burrice e a honestidade extremas são irmãs gêmeas. Siamesas, para dizer a verdade. Fale tudo se houver a possibilidade de mudar alguma coisa. E não fale nada se a solução for mudar de chefe. Ou você vai viver a síndrome da ex-namorada, que sempre vê o ex-namorado agindo como um príncipe com sua nova primeira dama. Graças à ex que apontou todos os seus defeitos, ele conseguiu melhorar – para a namorada que vinha depois, claro. Compreendeu?

25. Por que meu chefe não gosta de mim?

Porque você deve ser muito chato ou muito carente. Só uma pessoa com uma destas duas características faz uma pergunta boba como essa. Talvez você se dê importância demais e seu chefe nem te perceba tanto assim. Vai trabalhar que é melhor.

26. Passar ou não passar aquela notinha na prestação de contas da firma... Eis a questão...

Feio, feio, feio... Muito feio... E se passar a notinha, gaste tudo. Esse dinheiro não vai ter lá uma energia muito boa, diriam os esotéricos.

27. Conto tudo para meu melhor-amigo-da-vida-inteira-do-trabalho?

Conta. Conta, sim. Conta tudo, nos mínimos detalhes e tenha certeza que o mercado está precisando de um profissional como você. Não se conta tudo nem para a mãe da gente, quanto mais para amigo que dura o tempo do emprego. Não se fala de salário, possibilidades futuras e bônus. Não esqueça que seu amado-amigo é também um concorrente. Agora, se ele quiser contar tudo para você... Problema dele, não é? Ouça.

28. Com que roupa eu vou?

Já falamos sobre isso no capítulo "moda corporativa". Na dúvida, vá com uma roupa discreta, escura, clássica. Invista no sapato e no relógio. Se for homem – e usar terno –, melhor ter dois muito bons que dez com cara de loja de shopping de segundo escalão. E gravata, por favor, nunca use uma com cara de coisa barata. Para as mulheres, atenção: bolsa de saldão tem cara de bolsa de saldão.

29. É possível que uma empresa realmente trabalhe integrada?

Claro que não. Uma empresa é feita de pessoas e pessoas não se integram assim tão facilmente. Sempre haverá uma pessoa que vai ficar de fora simplesmente porque um formador de opinião local não gosta dela. E ponto. Uma empresa é como uma escola. As turmas se formam sem qualquer controle. E não dá pra fazer as patricinhas ficarem amigas dos *nerds* assim, sem mais nem menos.

30. Qual o pior tipo de chefe: o bonzinho demais ou o Lobo Mau?

Não há vencedor nessa categoria. Os dois são ruins. O chefe bonzinho está sempre contemporizando, não compra briga com ninguém – nem quando realmente precisa. Isso acaba deixando sua equipe sem um norte. O que grita não ouve nem a si próprio e geralmente é centralizador demais. Nos dois casos, os subordinados se tornam pessoas infelizes.

31. Não há nada de humano no mercado corporativo?

Claro que há: a busca pelo poder. Arrisco dizer que isso é mais importante até do que o dinheiro. A obsessão pelo poder está presente em todos os níveis hierárquicos – do chefe dos contínuos ao coordenador de expedição, passando pelo sujeito que tem apenas um estagiário abaixo de si e já faz pose de presidente. As pessoas simplesmente adoram exercer seus pequenos poderes. É da natureza humana, e as companhias acabam sendo um ambiente propício para o exercício dessas vaidades. No fundo, as empresas acham que são uma Gisele Bündchen, mas não passam de uma mulher feia e amarga.

32. Quando ficar até mais tarde no trabalho?

Desculpem-me os *workaholics*, mas só trabalha até mais tarde quem não consegue se organizar e otimizar a hora de trabalho. É um saco essa gente que adora dizer em alto e bom tom: "Imagina... Ontem saí daqui já era meia-noite". Para muitos, seu melhor cartão de visitas é dizer que trabalha 15 horas por dia. E ainda fala com voz de super-herói. Mais irritante ainda são aqueles que olham no relógio para mostrar que estão de olho na hora em que você está indo embora – e ainda completam com aquela frase: "Nossa, já vai?". Passe reto falando ao celular, rindo – mesmo se não tiver ninguém do outro lado da linha. Mostre que foi só o seu trabalho que acabou e que lá fora a vida continua. Pelo menos a sua.

Conheço muitos que, por serem praticamente reféns dos *workaholics* de plantão, ficam até altas horas na mesa do escritório. E se um dos *workaholics* for o chefe, então... Aí a coisa vai longe... O presidiário corporativo só vai embora depois que o *big boss* for.

E se quem me lê for um viciado em trabalho e não concordou comigo em uma só linha, nem to ligando. Problema seu se você não tem vida própria e sua única possibilidade de encontro social é a turma do café na copa da empresa. Pior que gente que gosta de morar no escritório são aqueles que trocam um domingo em casa por um domingo trancado numa sala de reunião com os *colaboradores* da empresa. Desses quero distância.

33. Redes sociais... Usar a Internet na empresa para fins pessoais pode?

Pode. Pode, mas com parcimônia (palavra bonita, não?). Ainda mais quando se fica tanto tempo num lugar como um escritório. Mas atenção: lembre-se de que, se as paredes têm ouvidos, o seu computador tem memória. Ele, o computador, vai guardar tudinho que você fez... Então... Olha lá onde vai entrar, o que vai escrever. Vai que depois o RH resolve dar uma *checadinha-como-quem-não-quer-nada* no seu histórico de navegação. Pornografia no local de trabalho não, ok?

Use as redes sociais, o Messenger e tudo o mais para agilizar, inclusive, o seu dia de trabalho. Assim você poderá sair mais cedo da rede social virtual para a real – que é, sem dúvida, mais bacana.

34. Ainda tem muito preconceito no mundo corporativo?

Infelizmente, sim... É difícil entender como ainda existe gente preconceituosa. Mas... Abaixo vai uma sugestão para esse tema tão delicado (às vezes a gente também fala de assuntos sérios, não é?).

Quem exerce o preconceito só o faz porque percebe que a sua vítima é um alvo vulnerável. Explico melhor. Se você se sentir diminuído por alguma característica – seja física, financeira, de condição sexual etc. –, é claro que o preconceituoso vai agir em cima exatamente da sua fragilidade. Pelo que já vi e presenciei, o preconceituoso só mostra as garras se seu alvo realmente se importar e se sentir inferior por ser o que é. Basicamente, uma única palavra: autoestima. Trabalhe sua autoestima e vá para o confronto com o preconceituoso. Você vai vê-lo baixar a guarda. E avise o RH que você está sendo vítima deste tipo de crime. Sim, preconceito é crime. Em alguns casos, inafiançável.

Antes de irmos para a próxima pergunta, algo para pensar. Todo mundo, de alguma forma, faz parte de uma minoria. Logo, qualquer um pode ser vítima de preconceito. Ou porque é rico demais, ou pobre demais, branco demais, negro demais, gay, mulher, homem, gordo, magro, feio, bonito... Seja qual for a característica, ela pode ser combustível para o preconceito. Então, antes de você se sentir humilhado, enquadre seu agressor na minoria da qual ele pertence e... Não, não faça isso! Não falei para você se vingar e colocar cartazes e faixas xingando o agressor ou então mandar e-mails para toda a empresa ridicularizando o idiota do preconceituoso. Não, não, não! Apenas disse que *pense* na "minoria" à qual o inimigo pertence. E note como ele não tem espelho em casa. Pronto, só isso já vai te deixar com a alma mais leve.

35. Consultor serve para quê, afinal? Vale a pena contratar uma consultoria?

Eu nunca entendi para que as consultorias existem. Elas – as consultorias – geralmente pouco ou nada entendem do real negócio da empresa. Entrevistam quinhentas pessoas, atrapalham o dia a dia de trabalho, ganham fortunas, mexem em tudo e com todos para, no fim, produzirem um calhamaço de papel cheio de ideias, estratégias e orientações. Ninguém vai ler, é claro. E se ler, vai descobrir que tudo aquilo que está escrito já foi pensado pelo gerente, pela recepcionista, pela copeira e até pelo seu chefe. Nada novo. Nada assim tão surpreendente.

O que mais chama a atenção é que virar consultor é uma nova forma de aposentadoria. Quem consegue uma parte deste filão está feito. Vai ganhar dinheiro, vai tomar muito vinho bom e caro nos almoços com os diretores – tudo pago pela empresa, óbvio –, trabalhará pouco e fará você trabalhar muito.

Não tem coisa mais irritante que uma pessoa dizer que é consultor. E, hoje em dia, tem consultor para tudo. Quer de marketing? Tem. Quer para a área financeira? Quer com ou sem maionese? Procura um para B2B? Fácil, tem dois aqui no meu bolso. Quer experimentar os novos sabores? Temos consultores sabor integração, tecnologia, *clusters* (clientes) e o novíssimo arquitetura da informação. Mas, calma, não ligue ainda. Na compra de um consultor de novos negócios, você ainda leva inteiramente grátis um consultor de moda e outro de expedição! Incrível, não?

36. Eu tenho uma característica... Eu choro quando falo com meu chefe. Tem algum problema nisso?

Jesus... E não é o da Madonna não... Você tem coragem mesmo de confessar isto assim, em voz alta e embargada? Não dá... Chorar no trabalho é quase fim de carreira. Ter um ataque de nervos é humano. Mas antes de explodir em lágrimas na frente de todo mundo, corra para o banheiro. É melhor os outros acharem que você vai vomitar do que saberem que a emoção tomou conta do seu coração.

Quando você chora, você deixa seu chefe numa posição mais que desconfortável. Deixa seu chefe sem jeito, sem graça e sem ação. Choro não combina com o local de trabalho. Se as coisas não andam bem e você anda sensível demais, invente uma doença e fique em casa. É melhor. E pare de chorar!

37. Na hora de contratar um novo *colaborador*, o que deve ser levado em consideração?

Tem cada resposta que escuto para esta pergunta... Certa vez ouvi que para contratar uma pessoa deveria se levar em consideração elegância e educação. Não é meio deseducado eleger quem é e quem não é elegante? Bem... Acredito muito mais no talento. Continuo um *romântico-à-moda-antiga-do-tipo-que-manda-flores*. Ainda acho que vale a pena investir em gente talentosa – talentosa para o cargo que vai ocupar, claro. Que adianta ter uma Grace Kelly, um pitéu de princesa, se ela não souber nada e nem tiver vocação para o trabalho que vai exercer?

Mas o mercado não é feito só de flores. Geralmente, apenas pessoas talentosas contratam pessoas talentosas. Como dizem, boi preto reconhece boi preto. Na hora da contratação acontece cada coisa que só Deus não duvida – ele não está em todos os lugares? Então ele, Deus, sabe o que acontece dentro das salas de reunião na hora da entrevista de trabalho. Deus sabe que não minto. Tem gerente que traz de casa uma nova-forma-de-seleção com perguntas impensáveis, dinâmicas imbecis e provas sem o menor sentido. Acaba sempre contratando os menos preparados, ou consegue atrair apenas os piores candidatos. Não é para menos. Gente realmente talentosa levanta e vai embora quando percebe que lá vem mais uma seleção para otários de plantão.

38. Peço demissão?

Se essa pergunta chegou sem pedir licença... Peça demissão logo. É sempre melhor pedir demissão do que esperar a sonora e boba frase: "Você está demitido". Quem pede demissão geralmente sai com a autoestima mais alta, sem tanta amargura. E já sai mais pronto para outra história. Mas saiba pedir demissão. Converse com seu chefe, se predisponha a ficar o tempo necessário para a empresa, seja simpático e educado no último dia. Se despeça de todos pessoalmente e jure que não vai disparar para todo o escritório aqueles e-mails tediosos, cheios de frases feitas que sempre terminam com "estou partindo para novos desafios". Promete?

Saia com a porta aberta, e não esqueça que o RH de seu próximo emprego vai ligar para o seu atual e checar suas referências. Sim, eles fazem isso. E não estão tão errados assim.

E peça demissão antes de ficar reclamando de tudo pelos corredores. Funcionário que fica esperando ser mandado embora porque "eu quero meus 40%" é coisa antiga e cafona. Bem cafona.

39. O que faço com minhas férias?

A dúvida é ir para a praia ou ir para o campo, é isso? Porque... se a dúvida for tirar ou não tirar as férias... *Faça-me o favor*! Ainda existe gente com medo de perder o emprego porque saiu de férias? Férias são necessárias tanto para você como para a empresa. Você precisa descansar tudo, principalmente a cabeça. A empresa precisa da sua cabeça refeita para mais uma nova jornada de trabalho. Tire as férias. E tire todos os seus dias. Não venda nenhum diazinho. A gente só começa a relaxar depois do vigésimo dia.

Pergunte para seu chefe qual o melhor período para você sair de férias. Há meses melhores para cada tipo de empresa – aí você tem que respeitar. E se a época do Carnaval não for um empecilho... Dica: tire as férias a partir da quarta-feira de cinzas. Conte trinta dias, e lembre que fevereiro tem apenas 28 ou 29 dias... Daí, na conta dos trinta dias, coloque mais um... E veja que sua volta, provavelmente, será numa sexta-feira. Como ninguém volta das férias às sextas, você só chegará no escritório na segunda-feira seguinte. Total de dias de férias: 40. Já comprou a passagem? Eles estão parcelando em 10 vezes sem juros.

40. A idade pesa no mundo corporativo?

Como responder... Melhor de forma rápida, não é? Sim, pesa. Pesa para o bem e para o mal, mas que pesa, pesa. Pesa também se você é jovem demais ou velho demais. Mas não desanime. Calma.

Se você tiver menos de 25, certamente vão pensar em você como um talento a ser estimulado, mas não ainda a ser promovido. Então, aproveite, e pare com a ansiedade. Não, não. Você não será a mais jovem diretora de marketing do mercado e você, bonitão, ainda não terá seu cartão de visitas ostentando o cargo de superintendente financeiro tão rápido assim. Sei que você quer os muitos dígitos do holerite e o prazer de mostrar para sua ex-namorada-da-escola que você cresceu e tá com tudo e não está prosa. Mas espere mais um pouco. Lembre-se que altos cargos têm altos salários, altos bônus – e altos ônus também. Meu caro, a cada subida na vida seu chefe só vai piorar.

Se a sua carteira de identidade já mostra que os quarenta estão ficando para trás, nada de desespero. Hoje em dia, muitas empresas estão, finalmente, dando valor para algo que só a idade traz: experiência. Muitas áreas, para funcionar melhor, precisam de gente mais velha. Claro que nem todas, mas algumas empresas veem velhos *colaboradores* como bons vinhos para serem apreciados com calma. Sei que a comparação foi péssima e meio brega, mas lembre que estamos falando de mundo corporativo...

Agora, atenção. Se você está entre 25 e 39 primaveras, *Corra, Lola, Corra*. Você está na idade de crescer e crescer. E se não crescer agora... Ache seu fermento logo.

41. E mudar de carreira depois dos quarenta? É possível?

Mudar de carreira é possível se você tiver quatro, vinte e quatro, trinta e quatro, quarenta ou oitenta anos. Aliás, mudar de carreira faz bem para a alma e para a pele. O que impede uma mudança de carreira? Por favor, não me venha com respostas classe média, como frases do tipo: "Tenho conta para pagar..."; "Tenho filhos que dependem de mim..."; "Isso é sonho de adolescente...". Lá lá lá lá, não vou ouvir.

Restringir a vida às algemas que a gente mesmo se coloca é achar que tudo é assim mesmo e tudo bem. Claro que não estou falando para você ir agora ao RH, jogar o crachá na cara da assistente que sempre sorri e gritar que vai virar cantor de boteco decadente. Não me culpe se depois você tiver que ficar sem seu carrão importado japonês e sua cobertura duplex com escada caracol no meio da sala. Vamos com calma.

Primeiro, pense no que você quer fazer. Veja se é viável, se você realmente tem talento para seu novo "eu" (desculpa o texto, mas o jogo perguntas e respostas pede coisas assim...). Não conte nada para ninguém. Terapeuta, amigão do futebol e amante estão incluídos em "alguém", *ok*? Eu disse, ou melhor, escrevi: NINGUÉM. E nada de pedir colo de mãe e chorar as pitangas. Mãe que é mãe vai ficar contra você "largar um emprego tão bom, meu filho". Tá certa ela de se preocupar em perder o quarto de televisão para receber de volta o filho pródigo que resolveu brincar de violinista aos cinquenta anos.

Voltando ao que interessa: crie um caminho confortável para a virada de mesa. Pense em quanto você precisa por mês, veja como funciona o mercado financeiro e aprenda a fazer o seu dinheiro trabalhar para seus sonhos. Sonhos e não pesadelos. Veja bem se o que você quer para seu futuro realmente tem a ver com a sua vida. E lembre-se: ninguém falou que mudar de carreira não dá trabalho.

42. Como mudar de área sem deixar meu chefe, digamos educadamente, "bravo" comigo?

Que bonitinho... Você realmente acreditava na fada dos dentinhos, não é? Atenção à primeira revelação forte do dia: quem colocava o dinheirinho no seu dentinho de leite era seu papaizinho e não uma fada com varinha de condão. Não tem jeito, caro amigo dos duendes. Não dá para você pedir para mudar de área sem seu chefe ficar pelo menos um pouco irritado. Até porque é irritante quando sua área está toda *ok* e um dos camaradas resolve alçar voo para outro lugar da empresa. Tudo bem, você tem direito de querer experimentar novos sabores, mas o seu chefe também tem o direito de ficar bem bravo com você.

Não que as pessoas tenham que ficar para sempre no mesmo lugar. Longe disso. Mas querer equilibrar tudo, ficar feliz na área nova e ter do chefe o abraço "vai bem que eu tô aqui" não dá. Ou um, ou outro.

De qualquer modo, antes de falar sobre a troca de áreas, tenha certeza que, primeiro, a vaga existe. Segundo, seu novo chefe te quer. E, terceiro, o RH vai deixar. Não caia na burrice de falar para seu chefe que você quer mudar de área antes de saber se a vaga pode ser sua. Agora, se você tiver sinal verde em cada ponto do *check list*, vá em frente. Fale logo com seu chefe e já proponha uma forma de transferir suas responsabilidades. Chegue com uma estratégia que não deixe seu futuro ex-chefe na mão. Explique com delicadeza por que a outra área é mais atrativa para você. Pontue o que o novo trabalho tem que o seu antigo não tem. E, na passagem do bastão, veja se não é possível promover alguém da antiga área. Você vai sair bonito na foto, e seu chefe vai te detestar por pouco tempo.

43. Minha avaliação foi horrível...

Pelo jeito o assunto é pesado. Mas vamos lá.

Sua avaliação foi horrível... E? E o que isso significa? Significa que você deve ficar ligado, entender em que ponto foi tão mal avaliado e criar imediatamente um plano para melhorar/mudar as partes apontadas pelo seu chefe. Ser mal avaliado não é tão ruim assim. É péssimo. A gente se sente o pior de tudo e parece que o mundo é só felicidade à volta. Mas se você conseguir usar esse *feedback de maneira construtiva...* Peguei até as palavras do mundo corporativo para não desfocarmos do assunto. Sério mesmo. Pegue tudo o que foi avaliado e perceba mesmo onde estão seus erros. Deixe o ego dormindo só um pouquinho e veja se tudo que foi dito realmente foi só de crueldade. Nunca é só uma coisa ou outra. Tente de verdade melhorar as falhas.

Agora, se a avaliação for a famosa 360 graus, ela serve apenas para saber se as pessoas gostam ou não de você. Já explicamos a bobagem que é esse tipo de avaliação inventada por alguém bem inteligente para ganhar um dinheiro fácil e vender pros bobinhos do RH que sempre procuram inovações para uma área sem inovação: a de RH. Não sofra se a avaliação veio cheia de gráficos comparativos mostrando que você está abaixo da média da empresa e bem longe do mais bem colocado. Bobagem. Avaliação 360 graus é sempre momento-vou-me-vingar-de-você. Ainda mais se junto com a avaliação veio um consultor do RH com hálito de café frio, falando macio e com vontade-de-te-ajudar. Tolices do mundo corporativo. Prenda a respiração e não ouça nada. Não vai valer a pena.

44. Minha avaliação, na verdade, foi incrível...

Ai... Ela tá feliz... Que bom pra você. A minha avaliação também foi ótima. E daí? A avaliação vai virar, com certeza, assunto do passado em... 10, 9, 8, 7... Já é passado, está vendo?

Levar a sério demais avaliação positiva é como acreditar em assembleia de condomínio em prédio de São Paulo. Não vale para nada. Seu chefe pode ter feito uma avaliação incrível apenas para mostrar ao resto da empresa que ele tem uma super-mega-master-equipe. Ou, então, seu chefe já sabe bem que avaliação é só para preencher plano de metas do RH. Então, para que perder tempo? Dá logo nota 8 e 9 que passa mais rápido. Viu como seu chefe é inteligente? Ele sabe que, se der 10 em tudo, o gerente de RH vai desconfiar e vai marcar uma reunião de *feedback* para amanhã às oito – "para não atrapalhar o seu trabalho", vai dizer o simpático mocinho do RH. E seu chefe já é tão *puta velha* que ele não quer mesmo fazer reunião às oito da manhã. Ainda mais com o RH. Ainda mais para falar sobre a SUA avaliação. Afinal, o que mesmo ele tem a ver com isso?

E, de novo, se a avaliação for a 360 graus, não dê importância. Apenas tenha consciência que você está poderoso. Ter a simpatia ou o medo de seus colegas de trabalho mostra que você vai longe. Ou você nunca ouviu falar que a voz do povo é a voz de Deus? E o que Deus é no céu? Muito bem! Acertou! Nota 10 para você, mas sem reunião amanhã cedo com o RH.

45. Cursos de aperfeiçoamento de líder dão certo?

Nunca deu e nunca vai dar certo. Líder nasce líder. Todo mundo quer ser chefe pelo status e pelo salário. Agora, responda com sinceridade: você serve mesmo para o cargo de chefia? Lembre que, numa história, mais importante que ser o protagonista é ser um bom personagem. O mesmo vale para o trabalho: mais vale ser um liderado incrível que um chefe bobo e medíocre.

½ pergunta final: O que eu devo fazer se eu odeio meu chefe?

A última página traz a última e mais importante resposta/observação sobre seu chefe e sobre seu trabalho:

SAÍDA

Sempre existe uma saída...

Sobre o autor

Olga Vlahou

Beto Ribeiro, que já foi chefe em grandes empresas brasileiras, é escritor e roteirista de TV. É autor dos *best-sellers* "Operação Policial - o Livro da Série de TV Operação de Risco" e "Poder S.A. - Histórias Possíveis do Mundo Corporativo", que, em breve, virará seriado de televisão.

HR Gráfica e Editora
Rua Serra de Paracaina, 716 – Moóca - São Paulo – SP – CEP 03107-020
Fone/Fax: (11) 3341-6444 - Email: vendas@hrgrafica.com.br
www.hrgrafica.com.br